LES

PETITS CÔTÉS DE L'HISTOIRE

BOURLOTON. — Imprimeries réunies, B.

LES PETITS CÔTÉS
DE L'HISTOIRE

NOTES INTIMES ET DOCUMENTS INÉDITS

1870-1884

PAR

HENRY D'IDEVILLE

PARIS

CALMANN LÉVY, ÉDITEUR

ANCIENNE MAISON MICHEL LÉVY FRÈRES

3, RUE AUBER, 3

—

1884

Droits de reproduction et de traduction réservés

LES
PETITS COTÉS DE L'HISTOIRE
1870-1884

LES PRISONNIERS DE LA COMMUNE.

Boulogne-sur-Seine, 28 mai 1871.

Je suis sous l'étreinte d'une des émotions les plus fortes que j'aie ressenties dans ma vie. Les événements de cette journée, fatale entre toutes, laisseront dans notre malheureuse France des traces ineffaçables; mais ils m'ont si profondément remué, que j'éprouve le besoin de faire partager les sentiments et les impressions par lesquels j'ai successivement passé aujourd'hui.

Le 8 avril, samedi saint, nous avions abandonné précipitamment notre maison de Boulogne-sur-Seine, au moment où la neutralité de notre ville avait été violée par l'apparition d'un bataillon de la Commune. Le danger devenait pressant; la veille, des balles étaient tombées dans le jardin, jusqu'aux pieds de mes petites filles. En deux heures, je parvins à embarquer ma famille et à réunir quelques objets précieux. Une jeune fille dévouée et très intelligente qui avait élevé mes enfants, nous accompagnait. Notre cocher était un serviteur sûr et à toute épreuve; dans le cas où le hasard me forcerait à me séparer des miens, il savait où se diriger.

Arrivés au bord de la Seine, en face de Sèvres, nous trouvâmes les ponts de bateaux rompus; ce fut seulement après une longue attente que j'obtins du général Vergé l'ordre de les faire réunir pour nous livrer le passage. Des groupes armés se promenaient sur la berge; mais les hostilités n'étaient pas encore engagées sur les deux rives.

Enfin nous pûmes, à grand peine, arriver à Versailles, et, de là, à petites journées, gagner les environs d'Orléans.

Les villes et les villages placés sur notre route étaient déjà encombrés par les nombreuses familles qui avaient fui devant la Commune et attendaient anxieusement la fin de l'horrible lutte. C'est au milieu de ces angoisses que se passa notre séjour à

X... Chaque jour, les nouvelles devenaient plus graves, les rares personnes qui s'échappaient alors de Paris nous donnaient sur l'état de la ville et sur la terreur qui y régnait les renseignements les plus inquiétants.

Enfin, le 22 mai au matin, un télégramme affiché à la mairie de X... vint nous apprendre que les premiers Versaillais allaient entrer à Paris et que l'insurrection était agonisante. Nos préparatifs de départ ne furent pas longs. Après avoir passé la nuit à X..., chez des amis, aux environs de Limours, nous nous remîmes en route pour Versailles en traversant la ravissante vallée de Chevreuse.

La chaleur était accablante; sur cette grande route, pavée encore du temps de Louis XV, si animée jadis, au temps des chaises de poste, des diligences et des rouliers, notre vieille calèche découverte s'avançait péniblement comme un coche. Mes deux petites filles dormaient sur les genoux de leur mère : leur frère André, que le roulement lointain du canon tenait en éveil, nous accablait de questions. Il nous demandait avec terreur s'il retrouverait la maison debout, le vieux chien, son cheval de bois, ses livres et les joujoux de ses sœurs.

En approchant de Versailles, les incidents de la route se multiplièrent; des patrouilles à cheval sillonnaient les bois de Satory ; à plusieurs reprises, je fus forcé de montrer mon passeport et de prouver que mes enfants et leur mère n'avaient pris aucune part à l'insurrection.

Il est impossible de se figurer l'encombrement de Versailles pendant cette journée terrible. Les faubourgs, si paisibles, étaient envahis par des voitures de toute espèce ; des détachements de soldats en tenue de campagne, des cavaliers, des fourgons de l'armée, des charrettes de paysans s'avançaient pêle-mêle au milieu des équipages. C'était surtout vers les grandes avenues qui aboutissent au château que le mouvement, l'agitation, la foule, devenaient plus intenses. Des canons, pris à l'insurrection, arrivaient par l'avenue de Paris; des convois d'insurgés débouchaient sur la place d'Armes, à travers une haie de bourgeois, effarés hier, aujourd'hui triomphants, qui acclamaient avec frénésie les soldats et huaient les vaincus.

Des députés, des officiers circulaient dans les groupes ; chacun s'interrogeait avec anxiété sur les péripéties de la lutte, tandis que les hauts fonctionnaires de la République provisoire, massés devant la cour du Maroc et sur les trottoirs de l'hôtel des Réservoirs, discutaient avec animation et déployaient dans leurs discours une énergie tardive. Sortant ensemble, à ce moment, de la Chambre, MM. Jules Simon et Jules Favre me semblèrent anéantis. Que de remords devaient, à cette heure fatale, torturer l'âme de ces agitateurs ambitieux! J'avoue que, placé comme je l'étais par les hasards de la hiérarchie sous les ordres de ce dernier, je fus heureux de ne pas être connu de cette Excellence de rencontre. J'évitai ainsi le salut du négociateur naïf qui avait trop éloquemment, hélas! plaidé devant M. de Bismark la cause des gardes nationaux de Paris, de celui dont la légèreté coupable avait amoncelé tous les cadavres de l'armée de Bourbaki!............

Avant de regagner Boulogne, il fallut songer à faire reposer les enfants. Les hôtels, les auberges et les cabarets regorgeaient de monde. Jamais, au temps du Grand Roi, la ville de Versailles n'avait vu affluence aussi considérable. Mais, au milieu de cette agitation bruyante, affairée, on sentait l'émotion sinistre qui accompagne les grandes crises, guerres civiles ou révolutions.

Au détour d'une rue, je rencontrai la femme d'un de mes amis, Charles Corbin, commandant d'état major. La pauvre jeune femme était dans un état d'anxiété et de trouble inexprimables. Son mari, placé auprès du maréchal Mac-Mahon, était absent depuis trente-six heures et personne ne savait ce qu'il était devenu.

Vers quatre heures, les nouvelles arrivèrent à Versailles et y jetèrent l'épouvante. Les incendies de la nuit, que la troupe n'avait pas eu le temps d'arrêter, se multipliaient de minute en minute. On parlait de l'embrasement de l'hôtel de ville et de la Cité. Les Tuileries, le Louvre, le Ministère des finances et plusieurs quartiers de Paris étaient en feu, disait-on. Le bruit du canon et des mitrailleuses ne cessait de se faire entendre. Malgré les avantages remportés par nos soldats, les insurgés occupaient encore des points importants. C'était évidemment les derniers déchirements de cette lutte effroyable. Mais à quel prix Versailles allait-il reconquérir Paris!

Malgré le danger de nous rapprocher de la ville en flammes, ma femme ne voulut, à aucun prix, rester plus longtemps à Versailles, et nous reprîmes le chemin de Boulogne, en suivant la route de Paris.

Dussé-je vivre cent ans, il me sera impossible d'oublier jamais les émotions profondes de cette journée, et ce trajet d'une heure à travers les vestiges de la guerre civile. La chaleur était accablante; la poussière de la route, sans cesse soulevée par des patrouilles de cavaliers, des escouades du train qui ramenaient de Paris canons et munitions de toute sorte. De longues files de chariots remplis de fusils, d'uniformes, de drapeaux rouges enlevés sur les barricades, encombraient la chaussée. Des estafettes, des officiers couraient ventre à terre vers Paris ou se dirigeaient sur Versailles. Des fourgons d'ambulance, des tapissières chargés de blessés, de morts, s'avançaient lentement.

Mais ce qui nous impressionna le plus fut le défilé sinistre de ces longues bandes de prisonniers qui croisaient notre voiture sur la route. Plus de trois mille individus, par groupe de deux ou trois cents, défilèrent ainsi sous nos yeux dans l'espace d'une heure. Quatre cavaliers, le pistolet au poing, marchaient en tête de chaque détachement de rebelles. Aux portes de Versailles, nous nous étions déjà rencontrés avec une de ces bandes enchaînées. La foule se précipitait vers elle, en poussant des cris de haine et de colère, la menace dans les yeux et dans les gestes.

Les prisonniers, l'œil farouche, la démarche assurée, l'attitude hautaine, répondaient souvent, eux aussi, par un mot grossier, jeté en passant aux provocations de la multitude, heureux lorsqu'un des cavaliers de l'escorte ne terminait pas, du plat de son sabre, le colloque échangé. Devant cette foule féroce, haletante, exaspérée, qui huait les vaincus, les prisonniers, épuisés par la lutte et les fatigues d'une longue marche, tête nue, en plein soleil, retrouvaient encore assez d'énergie et de force pour se draper dans une attitude d'arrogance et de défi. Il en était encore ainsi chaque fois que le convoi traversait un centre : Sèvres, Chaville ou Ville-d'Avray. Mais, sur la route, en pleine campagne, lorsque le convoi s'avançait lentement au milieu de la chaussée, la physionomie des malheureux n'était plus la même.

Je contemplais avidement les sinistres convois qui passaient sous mes yeux. Réunis en rangs de huit ou dix, les rebelles étaient contraints par les soldats de se tenir bras dessus bras dessous; tantôt, accouplés par le hasard, ils marchaient de front comme au village, les jours de fête, s'avancent en chantant sur la route les bandes joyeuses de paysans.

Aujourd'hui, hélas! quel contraste horrible! Ces misérables, ouvriers pour la plupart, s'avançaient les habits souillés de sang ou de boue. Quelques-uns portaient encore le costume du travail, la blouse de l'atelier ou le tablier; les autres étaient revêtus de ces uniformes variés et bizarres des bataillons de la Commune; un grand nombre portaient de faux ou de vrais uniformes d'artilleurs, de zouaves, de fantassins de notre armée; quelques-uns en chapeau et en paletot, les mains propres; d'autres couverts de galons dorés. Tous ceux qu'on avait saisis revêtus de l'uniforme des soldats de l'armée avaient été forcés, en signe de désertion et de honte, de retourner leurs capotes.

Dans cette foule sinistre, il y avait des enfants de tout âge, des infirmes, des vieillards qui se traînaient avec peine et que les derniers cavaliers de l'escorte étaient forcés de harceler et de presser lorsque le convoi, après s'être arrêté un instant, se remettait en marche. Et les femmes! Le spectacle était plus émouvant encore! Qnelques-unes, tenant dans leurs bras des enfants à la mamelle, s'avançaient péniblement, entravées dans leurs pas par des enfants plus agés qui se pendaient en pleurant aux jupes de leur mère. Nos braves soldats avaient alors pitié de ces infortunées et ralentissaient le convoi. Je vois encore un cuirassier tenant sur le devant de sa selle et entourant de son bras un de ses prisonniers qui n'avait pas plus de quatre ans. Les femmes étaient généralement hideuses; plusieurs en robe de soie fangeuse, les cheveux ébouriffés, la débauche insolente imprimée sur la face. — D'autres, costumées en vivandières ou déguisées en soldats, marchaient seules, riant cyniquement avec leurs compagnons, aux bras desquels elles s'accrochaient avec effronterie. Mais, le plus souvent, les femmes réunies ensemble fermaient la marche du cortège.

Ce défilé étrange, fantastique, je l'ai là, sous mes yeux. Il me semble que le souvenir de ces physionomies, de ces têtes, de ces regards, ne m'abandonnera plus. Ah! oui, moi aussi, comme les bourgeois ameutés et les émigrés de Versailles, mon cœur, ce jour-là, débordait d'indignation et de haine; mais j'oserai dire, tout à l'heure, quels sont ceux que je haïssais !

Notre voiture longeait le bord de la route, laissant la chaussée libre; cependant, à plusieurs reprises, elle fut forcée de s'arrêter. Mes petits enfants, muets et comme épouvantés, se serraient immobiles contre leur mère, et regardaient fixement le sombre cortège; les prisonniers, en passant près de ce groupe d'une famille libre et heureuse, jetaient vers nous des regards indicibles, où se lisaient un désespoir sombre, une folle douleur. Eux aussi, pour la plupart, avaient, hier, des enfants et une femme aimés ! Qu'étaient-ils devenus? Les reverraient-ils jamais, ces êtres chers dont la vue de mes enfants leur apportait le souvenir déchirant? En effet, tout à l'heure, à travers les cris de rage et de vengeance qui avaient assailli leur passage, aux portes de Paris et à Sèvres, n'avaient-ils pas entendu répéter qu'à Satory on fusillait en masse. Le bruit persistant du canon et de la fusillade, qui arrivait distinctement du côté de Paris, l'incendie dont les lueurs s'apercevaient, la fumée dont le ciel était obscurci, les estafettes qui couraient ventre à terre dans la direction de Paris, tout leur prouvait que la lutte était encore dans son paroxysme. N'était-il pas étonnant que, dans ces âmes timorées, sans éducation, la crainte de représailles sauvages et sans pitié dominât tout autre sentiment? — Plus d'un de ces misérables, en jetant un long regard sur notre voiture, avait les yeux pleins de larmes. Leur physionomie, à ce moment, n'avait plus l'aspect farouche, le masque de haine et d'arrogance qu'elle avait pris tantôt, en présence de la foule hurlante des bourgeois conservateurs.

Là, sur cette route, au milieu de la nature verdoyante, n'ayant pour témoins de leur misère que des êtres naïfs, dans les yeux desquels ils sentaient la pitié et non l'horreur, ils ne prenaient plus la peine de déguiser, dans une attitude théâtrale, les émotions poignantes qui les oppressaient. Ils marchaient lentement les infortunés, comme vers la mort, accablés sous le poids de leur vie de lutte et de souffrances : quel cauchemar horrible! quel épouvantable réveil!

C'est alors, je l'avoue, qu'en présence de ces déshérités, de cette armée vaillante, elle aussi, toujours exposée, toujours vaincue, toujours victime, toujours dupe, je crispais mes poings de rage en songeant à leurs chefs infâmes, dont les uns rôdaient ou trônaient à Versailles, tandis que d'autres s'enfuyaient, à ce moment, par les portes entre-bâillées de Paris. — Ah! s'ils les avaient tenus alors tout vifs entre leurs mains, ces pitres à la langue dorée, au cœur de lâches, ces tribuns et ces rimailleurs, comme ils en eussent fait, devant Dieu, bonne et prompte justice! Ils ne les eussent pas épargnés, leurs excitateurs, leurs bourreaux, eux la troupe obscure, anonyme, soldats trahis, leurrés, instruments éternellement sacrifiés des ambitions et des convoitises[1]. — Si M. Thiers, notre dictateur souverain d'aujourd'hui, était cet incomparable politique que l'on dit, il n'aurait, selon moi, qu'un parti à

---

[1]. Je viens tout à l'heure de lire une page autographe de Victor Hugo qui contient ces mots : « Pour être responsable, il faut être intelligent. Les chefs comprenaient jusqu'à un certain point les actions qu'ils commettaient; les autres, non! La main est responsable, la fronde l'est peu, la pierre ne l'est pas. » — De qui veut parler le grand poète? je l'ignore. Mais je retiens ces nobles et saintes paroles. Lui aussi, le grand cœur, le puissant génie, *excuse l'instrument inconscient et réprouve le chef responsable.* — Il y a des victimes entraînées et des bourreaux responsables. Pitié, amnistie pour les victimes; éternel et impitoyable châtiment pour le chef!

prendre : amnistier en masse ces obscurs rebelles, entraînés et inconscients, et fusiller sans exception aucune, devant les ruines fumantes de l'hôtel de ville, tous les membres de la commune, tous les généraux et colonels de l'insurrection

Devant ces prisonniers enchaînés de la Commune, je me souvins des récits navrants que l'on m'avait faits du siège de Paris, de ces nuits glaciales passées à la tranchée, de ces sorties meurtrières et sans gloire, des souffrances inouïes endurées par ces hommes de travail. Ce qui m'avait surtout frappé, c'était la résignation des femmes et des mères attendant une longue nuit d'hiver, sans murmure, pour avoir quelques livres de viande ou de pain. Combien, parmi ces pauvres hères qui venaient de défiler sous nos yeux, avaient peut-être accompli des traits obscurs d'héroïsme et de sublime sacrifice !

Plus tard, après les négociations légendaires de M. Favre et l'armistice, lorsque la guerre civile, comme la foudre, éclata sur Paris, et qu'une poignée de scélérats eut l'audace de saisir le pouvoir abandonné par M. Thiers, que vouliez-vous qu'ils fissent, ces misérables? Énervés par des privations de chaque jour, découragés par une lutte stérile, ces ouvriers sans ouvrage n'étaient-ils pas déshabitués du travail, depuis six mois qu'on les avait improvisés défenseurs de Paris ? Il fallait vivre cependant ! il fallait manger, coûte que coûte. Voilà pourquoi la plupart avaient acclamé la Commune sans la comprendre, sans savoir qu'ils servaient les projets et les appétits de quelques déclassés, ivres d'envie et d'ambition. Avaient-ils des emplois, des fonctions, eux, les pauvres diables ! Émargeaient-ils au budget, pour aller se réfugier à Versailles dans les grands bras du parti de l'ordre ? Avaient-ils devant eux des économies, ces ménages de gardes nationaux épuisés par le siège, pour fuir l'émeute, passer la frontière, ou abriter, comme nous, en province, leur femme et leurs enfants ?

Qu'eussiez-vous fait à leur place, vous qui, tout à l'heure, vocifériez contre eux des menaces de mort ? — Quant à moi, je le dis en toute sincérité, la main sur la conscience, ceux que je viens de voir passer tout à l'heure sur la route de Versailles, je les excuse, je les plains, je les absous. Mais les autres, les autres ! tout ce que j'ai, dans le cœur, de fiel, de mépris et de haine, vous savez pour qui je le réserve ! Dieu juste qui voyez tout, qui pardonnez et châtiez, serez-vous toujours invoqué en vain !

31 mai 1871.

Je viens de pénétrer dans Paris. Pour franchir les

portes gardées par nos troupes, il m'a fallu obtenir un permis de la mairie de Boulogne. Les ruines d'Auteuil dépassent en horreur tout ce que l'on m'avait dit. Autour de la gare, pas une maison debout; la gare elle-même n'est qu'un monceau de pierres; l'armature du pont du chemin de fer, brisée, déchiquetée, pend sur la route. Le pont-levis est aux trois quarts démoli. Les remparts sont criblés : la brèche d'Auteuil, en effet, était attaquée en même temps que celle du Point-du-Jour. — Tous les charmants hôtels qui longent le boulevard Montmorency sont atteints sans exception; les uns entièrement démolis, les autres seulement percés à jour. La maison des Goncourt a moins de mal que les demeures voisines, c'est celle qui m'intéressait le plus. Jour et nuit, les batteries du mont Valérien étaient braquées sur Auteuil, où se trouvait l'état-major de Dombrowski.

Hélas! c'est le canon français qui a ouvert cette brèche et bombardé ce coin de Paris, que les Prussiens avaient épargné.

Nous avons suivi avec mon compagnon de Boulogne, M. G. d'A..., la grande rue d'Auteuil et les bords de la Seine. Peu de monde sur les quais; des troupes de pompiers de province et des environs de Paris se dirigent vers les Tuileries. De temps à autre, on entend la fusillade du côté des buttes Chaumont. L'épouvantable lutte n'est point encore terminée.

A la hauteur du Trocadéro, nous rencontrons un convoi de prisonniers que l'on conduit à Versailles. Plus loin, des équipages du train, des artilleurs ramènent des canons enlevés aux insurgés. Le défilé me semble interminable. Les voilà donc, ces fameux canons du siège, ces mêmes canons des buttes Montmartre que les gardes nationaux du 18 mars refusèrent de céder au Gouvernement. Je remarque les fameuses canonnières Farcy sur la Seine; à quoi ont-elles servi?

Aux Champs-Élysées, devant l'Exposition, des baraques d'ambulance sont encombrées de blessés. Tous les arbres sont renversés; qui reconnaîtrait aujourd'hui la promenade élégante, au milieu de ces débris amoncelés? Au coin de la place de la Concorde, cinq cadavres gisent, la face contre terre, au pied d'une des statues mutilées. On vient de les fusiller, il y a une heure, raconte un enfant. En approchant de la rue de Rivoli, nous sommes arrêtés par une immense barricade qui barre entièrement la chaussée. C'est une véritable muraille de défense faite de pierres et de terrains rapportés : elle s'appuie d'un côté à un des chevaux de Marly, de l'autre à l'hôtel

Rothschild, angle de la rue Saint-Florentin; des soldats travaillent à la démolir. Nous suivons notre route en traversant très péniblement les ruines du Ministère des finances. Là encore des travaux de défense. La colonne Vendôme n'est plus! Pauvre grand Empereur! Sans doute auraient-ils voulu aussi déraciner son nom de l'histoire! les Tuileries ont disparu. Tout cela est horrible. Mon cœur se serre; des larmes me montent aux yeux; mais ces larmes, je l'avoue hautement, sont des larmes de rage et de haine, quand je songe aux misérables qui ont armé et dirigé le bras des incendiaires et des assassins.

Je reviens sur mes pas et traverse très difficilement les Tuileries. Le jardin est encombré de caissons et de chariots; des soldats y campent; le vieux château de nos rois et de nos empereurs est effondré; jamais le feuillage des arbres ne m'a semblé plus touffu; quelques rares oiseaux y chantent. Sur les quais, les palais du Conseil d'État et de la Légion d'honneur, ruines, ruines encore fumantes.

J'arrive enfin au ministère des affaires étrangères. C'est là qu'est établi le maréchal de Mac-Mahon avec son état-major. De tous côtés, des postes de soldats, des patrouilles à cheval, des estafettes. Une grande foule assiège les abords du palais inctact.

Personne ne pouvant sortir de Paris sans une passe, — c'est l'ordre général, — des officiers d'état-major interrogent chaque solliciteur sur les motifs qui le forcent à sortir de Paris, et, le cas échéant, lui délivrent une passe. J'attends quelques instants; puis, venant à songer que, dans l'entourage du maréchal, j'ai un ami, mon jeune collègue Emmanuel d'Harcourt, je traverse les bâtiments des affaires étrangères, non sans aller visiter mon bureau des archives, où j'ai laissé nombre de livres et de papiers importants. Tout est désert. Le concierge me raconte que les archives ont été respectées par le dernier ministre Pascal Grousset! J'arrive à l'hôtel du quai d'Orsay, où je parviens à voir d'Harcourt. Depuis la guerre, nous ne nous étions point revus; je ne puis dire avec quelle joie j'ai retrouvé mon brave camarade. Il a beaucoup changé, en mieux, est devenu plus homme et plus fort. L'habit militaire lui sied bien; il s'est très vaillamment conduit, m'avait-on dit à Versailles. Son cousin le maréchal, qu'il n'a point quitté pendant la guerre, a pour lui une grande affection, une confiance sans bornes. « Je viens, me dit-il, d'accompagner tout à l'heure le maréchal sur les boulevards. Vous ne sauriez vous imaginer l'explosion et les transports de joie, l'ivresse, l'enthousiasme de tous ces bourgeois. Le maréchal ne pouvait avancer ; on embrassait littéralement ses bottes et le poitrail de son cheval. Cela me donnait des nausées, quand je songeais qu'il y a huit jours, ces mêmes gens acclamaient, par peur, les généraux galonnés de la Commune ! »

Cette réflexion de mon ami d'Harcourt m'a fort plu. Il voit juste au moins, celui-là, et ne s'abuse point sur la valeur morale du bourgeois parisien, frondeur en temps de calme, affolé par le danger, et toujours prêt à saluer le vainqueur du moment. A l'heure présente, il faut bien le dire, l'unique sauveur pour lui est le soldat héroïque qui personnifie le salut, l'ordre, le retour à la vie et la fortune publique. Non seulement Paris, mais la France entière est entre les mains du maréchal de Mac-Mahon. Il n'aurait qu'un mot à dire, qu'un geste à faire : l'armée, à sa complète dévotion, acclamerait avec frénésie le régime qu'il lui plairait de protéger. Qui songe à cette heure au pauvre M. Thiers ? Je fis part de ces observations à Emmanuel d'Harcourt.

« Ah ! si vous connaissiez le maréchal[1] ! me répondit le jeune diplomate, aide de camp. . . .

---

1. Les douloureux événements qui se sont accomplis depuis : le septennat et l'humiliante période du 9 mars au 10 mai 1877 démontrent, hélas ! combien peu l'illustre maréchal était fait pour remplir le rôle qu'il a joué.

. . . .

M. Thiers peut bien dormir sur ses deux oreilles et jouir en paix du pouvoir. »

Hélas! mon ami d'Harcourt aurait-il raison? Le maréchal ne serait-il pas autre chose qu'un soldat?

Au lendemain des événements du 4 septembre, me trouvant en Bourbonnais, une amie dévouée de la famille d'Orléans m'engagea fortement à écrire à S. A. R. le comte de Paris afin de donner au prince des informations exactes sur ce qui se passait dans notre malheureux pays[1]. — Absolument

---

1. Voici une des lettres que j'adressai à M. le Comte de Paris. Elle indique bien l'état des esprits en province pendant la Commune.

A Monseigneur le Comte de Paris à Londres.

8 mai 1871, Saint-Jean (Loiret).

Monseigneur,

Les derniers événements de Paris m'ont forcé de quitter avec ma famille la petite ville de Boulogne-sur-Seine, où j'étais revenu après le siège; c'est encore d'une étape nouvelle que je prends la liberté d'adresser à Votre Altesse quelques renseignements sur l'état des esprits, et des informations personnelles. Me trouvant tout à fait à l'écart des régions du pouvoir, des salons et antichambres de Versailles, privé de communications avec les amis que j'ai à la Chambre, ces

dégagé de la politique, n'étant attaché au gouvernement impérial par aucun lien personnel de reconnaissance ou d'intimité, je me souvins que mon père,

informations auront, par cela même, un caractère d'indépendance et un accent de vérité qui, j'en suis persuadé, ne déplairont pas à Votre Altesse.

Les lettres que je reçois du Bourbonnais, d'Auvergne et de Bourgogne, où résident la plupart de mes amis et des membres de ma famille, ainsi que les impressions que j'ai recueillies depuis mon départ de Paris, s'accordent presque toutes à constater le même état de lassitude morale, de malaise et, malheureusement, d'apathie.

« La province a tellement soif de paix, de calme, m'écrivait mon frère, que, pour peu que ceux que nous espérons se fassent attendre, le pays est malheureusement disposé à accepter une solution, de quelque part qu'elle vienne. »

« Ma foi, Monsieur, m'écrit un maire intelligent des environs de Riom, nous avons voté avec votre liste, car ceux-là, disiez-vous, devaient nous ramener un *Roi* et la *Paix*. — L'un et l'autre tardent bien à venir! Le paysan n'est pas satisfait, loin de là! Les soldats prisonniers en Allemagne, qui devaient tous rentrer au village, sont retenus dans les environs de Paris. Ah! ce Paris de malheur ruinera donc toujours la France! »

Si l'irritation contre la Commune et la haine pour Paris s'accentuent chaque jour et deviennent le sentiment général, je dois ajouter, pour être vrai, que le gouvernement de Versailles, et particulièrement les ministres du Quatre-Septembre, MM. Jules Favre, Picard et Simon, n'ont su ni exciter la sympathie, ni inspirer la confiance.

Une observation frappante que j'ai pu faire à Paris, où je suis allé chaque jour en pleine Commune jusqu'au 10 avril, député sous le roi Louis-Philippe, avait, jusqu'à son dernier jour, conservé un affectueux et profond respect pour toute la famille d'Orléans. Je n'hésitai

est celle-ci : dans presque toutes les classes, indulgence singulière pour la Commune et ses premiers excès, en même temps blâme sévère pour le chef du pouvoir exécutif, « dont la faiblesse semblerait avoir amené, disait-on, ces tristes événements ». On lui reprochait surtout « sa persistance à conserver auprès de lui les hommes du Quatre-Septembre ». J'ai, en effet, l'intime persuasion que la honteuse défaillance, dont la bourgeoisie a donné l'exemple, et qu'elle paye si chèrement aujourd'hui, est due en grande partie à l'antipathie qu'inspire à tous le cabinet actuel. Cette neutralité est, sans doute, aussi stupide que coupable, mais, pour s'excuser, elle fait valoir des arguments spécieux. En vain les gens sensés, vraiment patriotes, cherchaient-ils à démontrer que le cabinet de Versailles n'étant qu'une transition, un composé d'individualités destinées à promptement disparaître, le devoir de tous, à cette heure suprême, se bornait à soutenir, malgré toute répugnance, le gouvernement émané d'une Assemblée qui seule représentait la France ? En dépit de ces raisonnements, la passion aveuglant la foule, chacun de répondre : « Puisque ces hommes incapables, faibles, présomptueux, n'ont su, jusqu'à présent, ni défendre Paris, ni sauver la France, pourquoi M. Thiers les a-t-il conservés ?... Pouvons-nous, de bonne foi, leur accorder notre confiance et les appuyer de nos efforts ? Seront-ils plus heureux aujourd'hui avec la Commune qu'hier avec les Prussiens ? » Les événements, hélas ! semblent justifier en quelque sorte les prévisions de ces mécontents.

La majorité de la Chambre et les hommes dévoués à leur pays ont cruellement souffert de cet état de choses. De même qu'au temps de l'invasion, en présence des gouvernements de donc pas à écrire, comme on m'y invitait, à M. le comte de Paris. Les très intéressantes réponses qui furent faites à mes communications m'ont prouvé

Tours et de Bordeaux, aujourd'hui encore, ils font taire leurs aspirations légitimes et sacrifient leurs espérances avec une abnégation qui cependant doit avoir un terme.

« La politique de M. Thiers (telle est l'opinion accréditée généralement en province) est sans aucun doute inspirée par un amour sincère de la France; mais les résultats de cette politique sont désastreux. En s'adjoignant les hommes du Quatre-Septembre, il a voulu, dit-on, « faire essuyer par ces » singuliers ministres de l'ex-défense nationale les plâtres de la » République », et il a tenu à faire signer cette paix fatale par ceux-là mêmes qui n'avaient pas su la rendre honorable. Ainsi seront déconsidérés et à jamais impopulaires les hommes de ce parti; alors le pays, fatigué, rappellera ses princes dès que M. Thiers jugera l'instant favorable. »

Ce calcul, qui ne pèche pas par un excès de loyauté et de noblesse, est, je n'en doute pas, faussement attribué au chef actuel du pouvoir exécutif. Toujours est-il que sa politique n'a satisfait, jusqu'à présent, ni la Chambre ni le pays; ses protestations solennelles et inopportunes en faveur d'un état de choses qu'on l'accuse, bien injustement sans doute, de maintenir à son profit, ont eu pour effet de précipiter la France dans le chaos où elle se meut aujourd'hui. Ses serments de fidélité à la République, en exaspérant les partis extrêmes, ont enlevé aux hommes d'énergie, convaincus de la nécessité monarchique, tout moyen d'action, et encouragé dans leur apathie la masse des hommes d'ordre. En politique, les situations fausses, basées sur des compromis et des expédients, ne trompent personne; elles énervent, lassent et conduisent inévitablement à une catastrophe. La sinistre et sanglante jusqu'à quel point le prince aime la France. Et, lorsque plus tard, après la Commune, j'eus l'honneur

comédie de la Commune de Paris aurait-elle jamais pris les proportions qu'elle a prises aujourd'hui, ou même aurait-elle pu se produire, si, à Versailles ou à Bordeaux même, M. le chef du pouvoir exécutif, en présence des aspirations ardentes et des impatiences fiévreuses de la France entière, avait su ou *avait voulu* obéir au sentiment unanime des hommes qui représentaient vraiment les dispositions du pays ? Une proclamation immédiate de la monarchie constitutionnelle, le lendemain de l'acceptation de la paix, eût été accueillie, d'un bout de la France à l'autre, comme la délivrance de nos maux, comme l'unique solution raisonnable, pratique, qui pût mettre un terme à la série de nos épreuves et remplacer un système politique dont le court essai venait de coûter si cher. Cette solution était entre les mains de M. Thiers, dont l'expérience, le bon sens et le patriotisme étaient appréciés à ce point qu'il était devenu l'arbitre de l'Assemblée nationale. Il ne l'a point voulu. Et cependant, à cette heure solennelle, pour calmer les scrupules de sa conscience et lui inspirer la résolution nécessaire, ne lui aurait-il pas suffi de mesurer la signification des vingt-trois élections qui venaient de l'acclamer à Paris et en France ?

Il est loin de ma pensée, Monseigneur, de chercher à approfondir les difficultés de la situation telles qu'elles se présentaient à cette époque, et je continue à n'être devant Votre Altesse que le simple interprète d'opinions et de sentiments répandus autour de moi. Le salut de la France, dit-on et répète-t-on à toute heure, repose exclusivement sur la monarchie et la réconciliation des deux branches royales. L'arrivée du comte de Chambord en France, transmettant plus tard, de lui-même, ses droits au comte de Paris, peut d'approcher quelquefois Son Altesse, il me fut donné d'apprécier l'élévation de son esprit et de son carac-

seule amener l'apaisement de tous les partis et terminer une effroyable crise.

De quel prestige, de quelle force serait entouré le trône du nouveau roi, ayant auprès de lui les princes aimés et populaires dont l'armée et la marine gardent religieusement le souvenir ! L'avènement d'une famille compacte, unie, profondément française, liée étroitement à nos gloires et à nos malheurs, tel est, Monseigneur, je ne crains pas de le dire, l'unique salut de votre infortuné pays.

Dans les lettres que j'ai pris, durant la guerre, la liberté d'adresser de la Palisse et de Riom à Votre Altesse, auxquelles elle a si gracieusement daigné répondre, je me faisais l'écho d'espérances bien chères ; aujourd'hui, Monseigneur, c'est avec l'énergie du désespoir que la France tend vers vous ses bras. Elle vous supplie de venir à elle. De grâce, que Votre Altesse obéisse aux élans de son cœur et se laisse entraîner par son patriotisme. Tout atermoiement conseillé à Votre Altesse, de quelque bonne foi, de quelque autorité que parte ce conseil, est funeste. Il ne peut qu'envenimer nos plaies, perpétuer la guerre civile et jeter infailliblement le pays dans de nouveaux troubles et dans la confusion des partis.

En attendant les ordres de Votre Altesse, je suis avec le plus profond respect, Monseigneur, etc.

HENRY D'IDEVILLE.

En réponse à la lettre que l'on vient de lire, un billet daté de *York House, Twickemham,* 27 *mai* 1871, nous fut remis par l'intermédiaire de la comtesse de X... Ce billet précéda tère, et de déplorer du fond du cœur les événements qui éloignaient du trône un prince profondément honnête, aussi généreux que libéral.

de quelques jours seulement l'arrivée de M. le Comte de Paris en France.

Malgré l'extrême intérêt qui s'attache à une lettre du Prince, écrite dans ces circonstances, on comprend aisément les motifs de convenance qui ne nous permettent point de la publier.

UNE VISITE AU MARÉCHAL CANROBERT.

Paris, 10 juin 1875.

Il était à peine neuf heures, lorsque je sonnai à la porte du maréchal Canrobert. Le maréchal habite, rue de Marignan, au fond de la cour, une sorte de petit hôtel, corps de logis séparé des appartements de la maison. Sa demeure est fort modeste, meublée confortablement, mais sans aucun luxe. Ce qui frappe les regards en arrivant est une petite voiture d'enfant remisée sous l'escalier. D'assez médiocres gravures, des aquarelles, des photographies accrochées dans ledit escalier, dénotent chez le maître de céans peu de préoccupation des arts autres que celui de la guerre. Les soldats sont, en général, peu soucieux des choses de l'art. Le maréchal Niel, ce ministre à jamais regrettable, n'avait visité le Louvre qu'une fois dans sa vie, par hasard, disait-il lui-même, au temps où il était à l'École polytechnique : je tiens le fait d'un de ses aides de camp.

On me fit entrer dans un petit salon situé au premier étage; deux portraits ornent l'appartement : l'un est celui de madame la maréchale, peint par Jalabert; l'autre celui du maréchal. Ces portraits sont fort beaux. Le dernier surtout m'a frappé; il est très ressemblant et de grande facture. La figure spirituelle, énergique et franche du soldat est peinte largement et d'une façon très simple. C'est une œuvre remarquable de mademoiselle Nelly Jacquemard, bien supérieure, au fameux portrait de M. Thiers peint par le même artiste.

Voici comment j'avais été amené à venir rue de Marignan. Peu de temps auparavant, la *Revue de France* avait publié, sous le titre *Romanciers militaires*, une étude, signée de moi, sur Paul de Molènes, lequel avait servi en Crimée comme porte-fanion auprès du maréchal Canrobert. L'article étant tombé sous les yeux de ce dernier, la poste m'apporta le lendemain une carte du maréchal avec ces mots : « Remerciements pour le noble souvenir donné à son cher regretté officier d'ordonnance des glorieuses époques. » Le maréchal Canrobert me connaissait à peine; je l'avais rencontré une seule fois dans ma vie, il y a déjà longtemps, en 1862, à un déjeuner chez le général Fleury, et certainement mon nom lui était peu familier. Une occasion natuturelle s'étant offerte d'aller rendre mes hommages au maréchal, je la saisis avec plaisir, d'autant plus que cette figure de soldat, pleine de grandeur et de pittoresque, m'avait toujours attiré.

Le maréchal vit dans une retraite profonde, se tenant tout à fait en dehors de la politique. Ce soldat plein de verdeur, d'énergie, est, avant tout, homme de devoir et de renoncement. Que de services il pourrait rendre à son pays, pense le plus grand nombre. Or, de toute son autorité et de son ancienne splendeur, il ne reste aujourd'hui au maréchal qu'un aide de camp, qui lui a été accordé par le ministre de la guerre[1].

1. Le maréchal de France François-Certain Canrobert, né en 1809, dans le département du Lot, est fils d'un officier dans l'armée de Condé.

Entré à l'âge de seize ans à Saint-Cyr, il fut nommé en 1828 au 47e de ligne avec le grade de sous-lieutenant. Ce ne fut qu'en 1835 qu'il put aller en Afrique. Il assista à la prise de Mascara. A l'assaut de Constantine, blessé auprès du colonel Combes; chevalier de la Légion d'honneur (1840).

Chef d'un bataillon de chasseurs à pied, après l'enlèvement du col de Mouzaïa. Colonel du 64e de ligne (1847); colonel de zouaves; prise de Zaatcha (1849).

On vint m'avertir que le maréchal pouvait me recevoir, et je gravis le second étage où se trouve le cabinet du héros de toutes nos guerres.

— J'ai lu avec beaucoup de plaisir votre étude sur Paul de Molènes, me dit le maréchal, et je vous remercie sincèrement d'avoir ainsi fait connaître mon brave officier d'ordonnance. Je vous aurais écrit une longue lettre au lieu de tracer quelques mots sur ma carte, si vous m'aviez moins bien traité. En même temps, le maréchal, prenant le volume de la *Revue de France* qui était sur son bureau, lut tout haut le passage suivant :

« Les péripéties de cette page mémorable de nos fastes (guerre de Crimée) sont retracées par Paul de Molènes avec la fidélité de l'historien, la chaleur du combattant, la couleur de l'artiste. Ses jugements sur le maréchal Saint-Arnaud et le général Canrobert seront ratifiés par la postérité. L'abnégation, le sang-froid, l'héroïsme de ces deux hommes ne semblent-ils pas, en effet, grandir avec l'éloigne-

---

Général de brigade (1853); général de division.
(1855) Guerre de Crimée, maréchal de France. Expédition d'Italie (1859); commandant le 3ᵉ corps de l'armée des Alpes.
(1862) Commandant à Lyon le 4ᵉ corps d'armée (1865). Commandant en chef l'armée de Paris (1870). Commandant le 3ᵉ corps de l'armée du Rhin. Bataille de Saint-Privat.

ment? Vingt ans à peine se sont écoulés depuis les événements dont parle l'auteur des *Commentaires d'un soldat*, et voilà déjà que la mâle figure du vainqueur de l'Alma qui commande à la mort un sursis pour vaincre, aussi bien que la physionomie si spirituelle et si française de son successeur, ce héros de bonté, de bravoure et de renoncement, nous apparaissent toutes deux, avec leur relief, semblables à des médailles de héros antiques[1]. »

— Vous comprenez que je ne pouvais guère répondre à cela! reprit en souriant le maréchal. Vous avez bien jugé de Molènes, c'était une épée et c'était une lyre; au demeurant, bon soldat, intelligent, ardent et dévoué. Je m'étonne que vous n'ayez point parlé d'un de ses amis intimes, de son meilleur camarade, La Tour du Pin. Celui-là aussi était un type bien original; il ne nous a pas quittés un seul instant en Crimée : c'est là qu'il est mort. Il couchait sous la propre tente de Molènes, afin d'être sur pied, à toute heure, et de prendre part à toutes les affaires, à tous les engagements. Lorsque de Molènes partait seul ou ne le réveillait point, La Tour du Pin entrait dans des colères violentes. Jamais je n'ai rencontré un homme aussi avide du danger.

1. *Revue de France*, mai 1875, n° 41. *Romanciers militaires (Paul de Molènes, Alfred de Vigny).*

Il était très myope et, de plus, très sourd, — deux conditions, dira-t-on, pour ne point craindre le péril qu'on ne voit pas et qu'on ne peut entendre. Mais ce n'était point là le courage du colonel de La Tour du Pin. Cet homme était trempé d'une façon étrange ; il courait à l'ennemi comme un taureau court au rouge. Avant qu'il fût blessé, je lui disais : « Mon pauvre La Tour du Pin, vous êtes le
» plus vaillant soldat que je connaisse ; mais vous êtes
» un fou. Si vous tombez ici, et vous tomberez, je vous
» jure de faire élever une colonne avec ces mots :
Ci-gît un preux du moyen âge égaré à notre époque. Peu de temps après il mourut frappé. »

Le maréchal, après être entré dans quelques détails intimes concernant Paul de Molènes, me parla d'Alger et m'interrogea sur le général Chanzy, sur mes relations avec lui et la situation en Algérie de l'ex-président du centre gauche. Je ne cachai point au maréchal mon entier sentiment sur le gouverneur général, homme honorable, mais sans fermeté de caractère, cherchant toujours sa voie et comptant sur les événements pour jouer un rôle. — C'est un excellent père de famille, travailleur solide et administrateur consciencieux ; mais, ajoutai-je, en somme, c'est un homme très surfait, incapable, selon moi, de jouer jamais un grand rôle politique, bien que l'ardent désir d'habiter l'Élysée ait plus d'une fois, peut-être, hanté ses nuits et troublé son sommeil! On a dit du général Chanzy que le dictateur Gambetta l'inventa un jour, par haine et par terreur des anciens généraux, et que, sans cette aide, le général, à cette heure, serait moins connu que tant d'autres excellents et modestes divisionnaires. Mais le reproche le plus sérieux qui puisse être adressé au général Chanzy est d'avoir eu le triste courage de voter, à l'Assemblée, la continuation de la *guerre à outrance*, lui qui, mieux que tout autre, hélas! après le désastre du Mans, savait à quoi s'en tenir sur la tenue et la vigueur de nos mobilisés.

— Ce que vous dites là est grave et en même temps fort intéressant, répondit le maréchal. Mais combien de fois en est-il ainsi! Tel, plein d'énergie et de réelles qualités au second plan, devient hésitant et insuffisant dès qu'il doit encourir une responsabilité, dès qu'il doit prendre un parti, une forte décision. — Ah! c'est une histoire bien connue! — Pour occuper dignement le pouvoir, pour diriger les grandes masses, on ne peut se tirer d'affaire que de deux façons : il faut avoir du génie, des qualités hors de ligne, être vraiment supérieur. Lorsque le génie manque, on ne peut le remplacer que par une honnêteté profonde et par le sentiment du devoir.

. . . .

— C'est trop de modestie de votre part, monsieur le maréchal, répondis-je ; vous n'ignorez pas combien vous êtes aimé et admiré en France : nulle physionomie n'est plus populaire que la vôtre, et l'ascendant que vous exercez sur les troupes et sur ceux qui vous entourent est immense. N'êtes-vous pas le symbole de l'honneur français, de l'héroïsme, de l'abnégation, le représentant le plus pur de notre vieille armée de France ? En ce siècle, vous aurez une place à part, et votre esprit, votre bonté, votre courage resteront légendaires. Tenez ! monsieur le maréchal, vous ne sauriez vous imaginer quel effet a produit parmi tous, amis ou ennemis, le récit si simple, si émouvant, de votre journée de Saint-Privat fait au procès Bazaine. — Vous avez vengé et réhabilité cette armée que vous aimez tant, et votre déposition a plus fait pour notre gloire que les livres, plaidoyers et longs récits de vos collègues.

— Je n'ignore pas ce qu'on a dit, reprit le maréchal. Hélas ! n'est-ce pas encore une preuve de notre légèreté et de notre enthousiasme irréfléchi ! Cette déposition m'a rendu populaire, m'assurez-vous ; or, voilà que quelques paroles, prononcées devant un conseil de guerre, ont plus fait pour ma réputation, pour mon honneur militaire que les cent combats où j'ai joué ma vie! C'est bien ainsi que nous sommes en France, les uns et les autres [1]. Quoi qu'il en soit, mes soldats et moi avons, jusqu'au bout, accompli notre devoir; l'honneur est sauf! En vérité, je pour-

1. Je viens de relire, dans le procès Bazaine, la déposition du maréchal Canrobert à l'audience du 21 octobre 1872. — Il y a, en effet, dans ce récit si lucide et si émouvant (selon les termes mêmes du président du conseil, duc d'Aumale), un tel accent de vérité et d'honneur, une telle absence de forfanterie et de préoccupation personnelle, une telle sérénité enfin, que nous comprenons aisément l'impression profonde que causèrent dans l'auditoire les paroles du maréchal Canrobert. — Les débats solennels de Trianon, conclusion fatale de la douloureuse capitulation de Metz, furent conduits avec une intelligence, une autorité et une dignité dont on se souviendra longtemps. — Le gros volume in-4º de 800 pages, que nous venons de parcourir (*Procès Bazaine, compte rendu sténographique* in extenso *des séances du 1ᵉʳ conseil de guerre de la 1ʳᵉ division militaire; librairie du* Moniteur universel) restera pour l'histoire une source de précieux renseignements; mais, en même temps qu'il renferme la confession complète, générale, de nos erreurs et de nos fautes, il met en lumière bien des traits ignorés d'héroïsme, d'abnégation et de dévouement.

Les portes de Trianon fermées, le grand bruit fait autour de cette triste épopée s'est éteint. Or, ceci n'est-il point un signe des temps? Seul, l'accusé maréchal Bazaine, condamné à mort et évadé, a fait autour de son nom quelque fracas, tandis que du trop modeste président d'Aumale et de l'héroïque témoin Canrobert, il n'est, pour l'instant, plus question.

rais considérer avoir assez fait pour le nom que je porte, le jour où le roi Guillaume écrivait à la reine Augusta : *Notre garde a trouvé son tombeau à Saint-Privat.* Ils n'ont eu de nous ni un canon ni un drapeau ! On le sait à peine en France. Dernièrement, à Berlin, un grand personnage visitait, avec l'empereur d'Allemagne, l'arsenal et leurs trophées. « Où sont les drapeaux pris sur le champ de ba-» taille ? » demanda le visiteur. — « Nous n'en avons pris » aucun, » répondit le souverain avec une noble franchise. « Voici les vitrines où sont les drapeaux trouvés à Metz et les étendards de l'armée prisonnière. C'est tout. Ah ! nos chers drapeaux à Berlin ; ah ! notre pauvre armée !

A ce moment, je remarquai l'émotion qui étreignait le cœur du glorieux vaincu ; des larmes perlaient dans ses yeux.

— Voyez-vous, reprit le maréchal en souriant, je ne suis ni orateur ni écrivain, moi ; simplement un soldat qui aime à narrer ce qu'il a vu, un conteur de bivouac, c'est tout ! — Que d'ouvrages imprimés déjà sur notre malheureuse campagne ! Aucun cependant n'est le bon ; car chacun a écrit son livre sous une impression personnelle.

» Savez-vous par qui devrait être écrite cette histoire ? Il faudrait d'abord un Jérémie pour se lamenter sur nos fautes et sur nos malheurs et verser des torrents de larmes. Ensuite il faudrait un Bossuet pour exhausser les âmes et narrer, en magnifique langage, les traits d'héroïsme et les suprêmes efforts accomplis par notre armée calomniée! Puis un Tacite pour graver, d'un burin impitoyable, les portraits de ceux qui nous ont conduits là et éclairer, d'une façon lumineuse, les silhouettes des uns et des autres, diplomates, politiques ou soldats. Pour achever enfin ce drame fantastique, il faudrait un Beaumarchais qui déchirât les masques, qui cinglât à droite et à gauche et montrât le côté à la fois sinistre et bouffon des hommes qui, après le désastre se sont arraché le pouvoir!

» Chacun, fatalement, est entraîné à écrire l'histoire; mais, trop souvent, que de passion, de haine, de mauvaise foi! — Tenez, voici un livre publié en Angleterre, que l'on vient de m'envoyer hier, en m'invitant à y répondre: n'est-ce pas à moi de venger notre armée d'Orient, notre épopée de Crimée? me dit-on. — Ce fut une terrible et gigantesque lutte; on ne connaîtra jamais les trésors de patience, de gaieté, de bravoure enfermés dans le cœur de nos petits soldats. Eh bien, un Anglais, M. Kinglake, s'avise de nous insulter, de nous jeter de la boue, aujourd'hui. C'est généreux, n'est-ce pas? — Je suis le seul survivant des chefs de cette armée d'Orient. Dois-je descendre jusqu'à relever l'injure? Si je la relevais, savez-vous quelle serait ma réponse? — Je reproduirais simplement les félicitations, les remerciements unanimes qui me furent envoyés par les Chambres des lords et des communes réunies, avec la lettre du feld-maréchal Raglan, affirmant hautement le concours dévoué que je n'ai cessé de donner à nos alliés ! »

Et en même temps le maréchal me fit lire ces trois documents authentiques tels qu'il les avait reçus en langue française.

— Cela suffit amplement, n'est-il pas vrai? ajouta-t-il.

A Son Excellence le général Canrobert.

Devant Sébastopol, 4 janvier 1855.

Général,

J'ai l'honneur de transmettre à Votre Excellence les résolutions unanimes de la Chambre des lords et de celle des communes, du 15 du mois dernier, qui expriment la haute valeur qu'elles attachent aux grands et éminents services de Votre Excellence, et à la coopération cordiale et aux brillants exploits de l'armée française. J'ai reçu l'ordre d'être l'interprète de ces sentiments auprès de Votre Excellence, et, par votre entremise, auprès des braves soldats qui servent sous vos ordres.

Je suis enchanté qu'une tâche aussi agréable me soit dévolue, que celle d'offrir à Votre Excellence et à l'armée française le tribut de remerciements de la part du Parlement anglais, et je suis heureux de saisir cette occasion, afin de vous assurer que les sentiments que les Chambres ont exprimés sont en harmonie avec ceux de la Reine et de toutes les classes des sujets de Sa Majesté; que leur admiration de la conduite des troupes est universelle; et que tous sont convaincus que la cause dans laquelle les deux nations sont engagées, a énormément profité de l'union qui n'a pas cessé de régner entre les généraux en chef des armées de la France et de l'Angleterre, et des efforts combinés et de la bonne camaraderie des troupes.

J'ai l'honneur d'être, général, de Votre Excellence, le très obéissant et très humble serviteur.

Signé : RAGLAN.

CHAMBRE DES LORDS.

Die Veneris 15° decembris 1854.

Résolu, nemine dissentiente, par les Lords spirituels et temporels en Parlement assemblés,

Que les remerciements de cette Chambre soient rendus au général Canrobert et à l'armée française pour leur vaillante et heureuse coopération avec les forces de terre de Sa Majesté, dans l'attaque sur la position de l'ennemi à Alma, pour leur assistance énergique et opportune qui a permis de repousser l'ennemi à Inkermann, et pour leurs efforts distingués de concert avec les troupes de Sa Majesté pendant le siège de Sébastopol; et qu'on prie le feld-maréchal lord Raglan de leur transmettre les présentes résolutions.

Signé : JOHN GEORGE SHAW-LEFEBVRE.
Dip. clerc; Parliamentor.

CHAMBRE DES COMMUNES.

Veneris 15° die decembris 1854.

Résolu, nemine contradicente,

Que les remerciements de cette Chambre soient rendus au général Canrobert et à l'armée française pour leur vaillante et heureuse opération avec les forces de terre de Sa Majesté dans l'attaque sur la position de l'ennemi à Alma, pour leur assistance énergique et opportune qui a permis de repousser l'ennemi à Inkermann, et pour leurs efforts distingués de concert avec les troupes de Sa Majesté pendant le siège de Sébastopol; et qu'on prie le feld-maréchal lord Raglan de leur transmettre les présentes résolutions.

Signé : DENIS LE MARCHANT.
U. Dom. Com.

— J'ai lu votre *Journal d'un diplomate en Italie*, continua le maréchal et je vous en félicite. — C'était encore de grandes époques. — N'êtes-vous pas arrivé à Turin après le retour en France de notre armée? —

— Précisément, monsieur le maréchal, j'ai quitté Paris le lendemain de la rentrée triomphale des troupes de l'armée d'Italie ; Turin était encore occupé par les Français lorsque j'y débarquai comme secrétaire de la légation de France.

— Sans doute avez-vous su, alors, à la légation, ce qui s'était passé ; et les dangers qu'avaient courus le roi et la capitale ? La Tour d'Auvergne a dû vous en parler. Cependant, il faut que je vous raconte ces faits très peu connus. On a passé ces incidents sous silence ! Je n'ai point voulu les relever. Depuis quatre ans, j'étais maréchal de France ! Que pouvait-on faire de plus pour moi ? D'autres avaient besoin de commencer leur gloire. Je ne voulus pas les gêner.

» Voici la chose : — Vous vous souvenez avec quelle précipitation fut déclarée la guerre de 1859 entre l'Autriche et l'Italie. Il n'y avait pas un instant à perdre, les Autrichiens étaient sur le théâtre de la lutte. — Notre armée dut s'avancer, vous le savez, d'un côté par Gênes, de l'autre par les Alpes. J'étais le chef de l'armée qui, suivant le chemin d'Annibal et de Bonaparte, dit en souriant le maréchal, descendait de France par les montagnes. Le temps pressait. Déjà les Autrichiens menaçaient Turin. Enfin, j'arrive à Suze, au pied du mont Cenis. Nous

étions prêts à peine, équipés à la hâte, et je n'avais avec moi que l'avant-garde de mon corps d'armée, huit mille hommes environ. — Or, voici ce que contenaient mes instructions : « Il est interdit au maré-
» chal Canrobert d'agir isolément et d'engager ses
» troupes avant leur réunion complète. » Puis, en
» *post-scriptum* : — « Le maréchal Canrobert se
» rendra compte personnellement, à son arrivée à
» Turin, des positions de la Dora-Baltea, que l'on nous
» annonce comme formidablement défensives ; si
» elles lui paraissent telles, il est autorisé, sous sa
» responsabilité personnelle, à les occuper. »

» Vous étiez à Turin, m'avez-vous dit, peu de temps après ces événements ; vous n'ignorez donc pas quelle panique avait saisi l'esprit de tous. La capitale piémontaise, ville ouverte, située en rase campagne, était une proie facile. Les Autrichiens se montraient à quelques lieues ; du haut des clochers, on pouvait les apercevoir dans la direction de Verceil. Les habitants de Turin étaient terrifiés ; on emballait déjà les archives du royaume. En débarquant à Suze, je trouvai le roi, venu au-devant de moi, dans un état d'inquiétude difficile à décrire. Il me supplia de prendre position sur la Dora-Baltea.

» Nous arrivons à Turin et je cours, au débotté, visiter avec lui les lieux en question. C'était un point impossible à défendre ! » Mais, « dit le roi qui ne me quittait point, « nous le jugions très important, » capable d'arrêter les Autrichiens. — Hélas ! non, » répondis-je à Victor-Emmanuel ; « Votre Majesté voit » elle-même qu'il n'y faut plus songer; chercher à » défendre ce point serait nous perdre inutilement. » — Mais que devenir ? les Autrichiens sont à quelques » lieues, » dit le roi. « A tout prix, ils veulent occu- » per ma capitale, il faut prendre un parti ? »

» C'est alors que je montrai au roi mes instructions. Après les avoir lues, il me les rendit en disant : « Je suis donc perdu ! »

» — Non, Sire, répondis-je, vous ne l'êtes pas. Il » ne sera pas dit que la capitale des alliés de la France » aura été brûlée devant les baïonnettes françaises. » Votre Majesté peut-elle me garantir que Casale et » Alexandrie (vingt lieues en avant sur le flanc gauche » des Autrichiens) peuvent mettre à l'abri les quel- » ques milliers d'hommes que je possède ?

» — Je vous en donne ma parole royale, répondit Victor-Emmanuel.

» — Alors, je n'hésite pas, Sire, malgré la respon- » sabilité immense qui va m'incomber, à me porter » sur Casale et sur Alexandrie, si vous voulez m'y » suivre. Pour sauver Turin, il faut l'abandonner. Ce » mouvement stratégique, menaçant les communica-

» tions de l'ennemi, peut seul dégager la capitale.

» Le roi se jeta dans mes bras.

» — Oh! merci! maréchal, nous partirons cette
» nuit. »

» Je quittai le roi pour prendre les dispositions nécessaires; nous devions partir au jour naissant. A minuit, je fus m'étendre, tout habillé, sur un canapé. Je logeais au palais, dans un des appartements royaux. A peine reposais-je depuis un quart d'heure, que j'entends frapper à ma porte. J'ouvre. Entre un petit homme, gros, court, à lunettes, dont le visage m'était inconnu.

» — Je suis le comte de Cavour, dit-il, et je viens
» vous demander, maréchal, si Sa Majesté ne s'est pas
» trompée, s'il est bien vrai que vous, maréchal de
» France, vous vous refusiez à défendre Turin et que
» vous abandonniez les positions de la Dora-Baltea.
» C'est impossible!

» — Cela est pourtant ainsi, repris-je, monsieur
» le comte, je suis seul juge; n'ayant point de con-
» seil en politique à vous donner, souffrez qu'en fait de
» dispositions militaires, je ne vous en demande pas.

» — Quelle responsabilité sera la vôtre, monsieur
» le maréchal, devant l'histoire et devant l'empereur!

» — Croyez, monsieur le comte, que j'ai réfléchi
» avant de prendre cette décision. Autant que vous,

» je désire sauver le roi de Sardaigne et sa capitale.
» Voilà pourquoi j'emploie l'unique moyen qui nous
» reste. »

» Le grand ministre partit après m'avoir salué froidement, et je repris mon canapé.

» Deux heures après, au petit jour, nous quittions Turin. Dès que les Autrichiens eurent connaissance de notre départ, ils abandonnèrent leur marche en avant sur Turin et rétrogradèrent à la hâte en se portant de notre côté. La ville était sauvée! Mon plan avait merveilleusement réussi. Sans doute, c'était un coup audacieux, mais le seul qui pût dégager la capitale. Avec les Prussiens, tels que nous avons appris à les connaître, j'eusse été perdu. Ils auraient certainement connu, eux, l'insuffisance de mes forces, et ne se seraient point donné la peine de revenir sur leurs pas. Ils auraient été informés que notre armée descendait lentement, très lentement les Alpes, et qu'avant qu'un corps d'armée eût pu opérer sa jonction avec les troupes venues par mer et débarquant à Gênes, ils avaient tout le temps d'envahir, de saccager Turin, d'emmener le roi prisonnier avec son gouvernement.

» Le roi n'a jamais oublié le service que je venais de lui rendre en cette circonstance. Ces faits si importants du début de la campagne n'ont pas été relevés, comme je vous le disais. L'empereur seul les a appréciés; ils sont, au reste, consignés dans un ouvrage officiel sur la campagne d'Italie publié par le ministère de la guerre. Quant à M. de Cavour, nous fûmes séparés pendant la durée de la campagne. Nous nous retrouvâmes à Milan. A peine m'eut-il aperçu, qu'il se jeta dans mes bras et m'embrassa.

» — Comme vous aviez raison, monsieur le maréchal,
» me dit-il, de m'éconduire, certaine nuit, au palais
» de Turin! Sans votre promptitude, sans votre déci-
» sion, nous étions perdus avant même l'arrivée des
» Français. »

» M. de Cavour n'était point banal, vous le savez, monsieur d'Ideville. »

L'importance de ce récit me frappa tellement, que j'ai recueilli presque à la lettre les termes dont se servit le maréchal. Il est à désirer que les historiens ne passent pas sous silence un fait de guerre aussi grave, qui permit de mettre en relief, à un si haut point, la présence d'esprit, l'honnête décision et le coup d'œil d'un maréchal de France.

Ce fut cette opération qui décida du sort de notre campagne, et il serait, en définitive, aussi injuste de nier l'importance de ce mouvement stratégique que de passer sous silence l'héroïque conduite du général de Mac-Mahon à Magenta.

Le maréchal Canrobert me parla en termes toujours affectueux du président de la République ; cependant il serait inopportun de relater ici cette partie de notre conversation.

» — La France, me dit-il, est une cavale ardente, fougueuse, pleine de race, mais si impressionnable et si sensible, qu'elle ne peut être montée et domptée que par un maître. C'est de celui qui la tient en main que dépend son allure. Si l'écuyer est hésitant, sans décision, elle s'emballe, elle devient folle. Ce qu'il lui faut, c'est un cavalier consommé et énergique, qui la tienne tête haute, qui modère et active à son gré sa course vagabonde, un centaure enfin ! Elle a eu Henri IV, Richelieu ; elle a eu Louis XIV ; elle a eu Napoléon Ier ; elle a eu Napoléon III... pendant les dix premières années de son règne ! — Qu'un homme saute en selle, demain elle retrouvera ses moyens, ses actions, toutes ses allures. Ah ! que de belles chevauchées encore ! Mais c'est le cavalier, un autre grand cavalier qu'il lui faut.

Lorsque je me disposai à prendre congé du maréchal, celui-ci demeura longtemps debout, continuant son intéressant entretien, marchant et gesticulant, selon son habitude : « Savez-vous, me dit-il, en saisissant un long rouleau de métal placé sur une table, ce que contient cet étui ? » En même temps, il déplia un rouleau de parchemin. « Voilà qui vient d'Angleterre : c'est le brevet m'instituant membre de la *Corporation des Épiciers de Londres*. Ceci peut faire rire en France ; tout ce que nous ne connaissons point tous prête à rire, — nous sommes si spirituels ! Croyez bien que j'apprécie le titre de membre de la plus vieille corporation de la Cité, honneur qui n'est pas réservé à tous. Regardez le nom de mes devanciers, de mes collègues. » Et, en même temps, le maréchal me faisait lire une pancarte où étaient inscrits les noms des membres d'honneur qui, depuis 1231, avaient fait partie de la corporation. On y lisait, entre autres noms, ceux de sir John de Gisors, 1245 ; sir John Philpot, 1378 ; sir John Rivers, 1573 ; le roi Charles II, 1660 ; George Monck, duc d'Albemarle, 1660 ; sir John Moore, 1662 ; duc de Buckingham, 1684 ; sir Thomas Chichelex, 1686 ; le roi Guillaume III, 1689 ; William Pitt, 1784 ; marquis Cornwalis, 1792 ; George Canning, 1824 ; Robert Peel, 1824 ; lord Raglan, 1855 ; amiral Lyons, 1856 ; maréchal Canrobert, 1856 ; duc de Cambridge, 1859 ; lord Clyde, 1860 ; lord Elgin, 1861 ; le prince de Galles, 1863.

« — Les statuts de notre Compagnie, reprit le maréchal, n'ont point changé depuis des siècles. Voilà pourquoi cette corporation et tant d'autres subsistent et résisteront au temps. Là est tout le secret de la puissance et de la grandeur de l'Angleterre : dans son respect pour ses institutions, ses chartes, ses usages et les droits établis de chacun. — Les épiciers de la Cité de Londres sont plus heureux que nous. Ils n'ont pas à se préoccuper, hélas! de bâcler une constitution pour la renverser ensuite. Combien en avons-nous vu depuis un siècle? Combien en verrez-vous encore, vous qui êtes plus jeune que moi?

» Ce n'est point que je sois trop vieux, toutefois, reprit le maréchal redressant la tête et frappant sa large poitrine. J'ai de bonnes années encore, si Dieu le veut, au service de mon pays. Je suis prêt à les donner... si on me fait signe. »

Je connais peu de physionomies aussi vivantes, aussi sympathiques que celle du maréchal Canrobert. Il met dans ses paroles, dans ses gestes, une animation, un feu, une ampleur des plus pittoresques. Tout en lui est éloquent, les yeux, la bouche, les bras, la tête, les mains ; chacun de ses mots, de ses mouvements est juste, net et plein d'à-propos. Tantôt il se lève, marche à grands pas, puis se rassied. Tantôt il gesticule, s'arrête, et vous regarde dans le blanc des yeux. La chaleur avec laquelle il exprime ses pensées, ses sentiments, se communique

bientôt à l'interlocuteur, un peu troublé, au premier
abord, par cette fougue inattendue.

Le maréchal Canrobert n'a pas beaucoup plus de
soixante-cinq ans; il est de taille moyenne; ses cheveux bouclés grisonnent; l'ensemble de la physionomie est agréable; le front haut, le regard, très brillant, est interrogateur. Il se campe bien et droit; le
dos est un peu voûté, la tête souvent penchée sur
l'épaule. Le timbre de la voix est large et profond;
un très léger accent méridional donne à son langage
imagé un caractère original et un côté gouailleur
tout particulier.

17 octobre 1875.

Je viens d'avoir avec M. le maréchal Canrobert un
entretien aussi intéressant que le premier. Le maréchal ayant désiré connaître certains détails relatifs à
mon séjour en Algérie, je lui communiquai, sans hésitation, les documents fort curieux que j'avais rapportés
d'Alger, documents qui jettent une vive lumière sur
certains faits et sur le caractère des individus. Tout
ce qui touche à l'Afrique passionne le maréchal; on
le comprend aisément; n'est-ce pas là que s'est
accomplie la première partie de sa carrière; chaque
coin de terre lui rappelle un trait de bravoure, une

action éclatante, un grand souvenir. C'est sur ce sol que, un à un, il a conquis ses premiers grades : l'incroyable assaut de Constantine, la prise des gorges de Mouzaïa, l'assaut de Zaatcha, et tant d'autres théâtres sanglants ont immortalisé son nom. Certes, on ne dira jamais du maréchal Canrobert que l'intrigue et la politique servirent de marraines à ce vaillant soldat. Le maréchal adore son métier et adore la France. Chez lui, ce sentiment domine tous les autres, emplit son âme et absorbe ses facultés. Je ne vois point, à notre époque, un caractère plus profondément militaire, une personnification du soldat plus parfaite. Son dévouement, son attachement pour la personne de Napoléon III fut, sans doute, des plus profonds et des plus sincères ; mais, dans le cœur du maréchal Canrobert, un autre culte primera toujours les affections les plus chères, c'est la passion du devoir et la passion de la France.

Chose vraiment étrange ! rapprochement bizarre, consolant peut-être ! Lorsque je suis sorti de la rue de Marignan, le hasard m'a fait passer devant la demeure d'un autre soldat que j'avais visité il y a quelques mois. Or, je me rappelle qu'après avoir visité, certain matin, M. le duc de Chartres, j'emportai de mon entretien avec lui des impressions absolument semblables à celles que m'a laissées, aujourd'hui, ma longue visite au maréchal Canrobert. Tous deux, certes, ont une origine, une carrière, des opinions bien différentes; j'ignore même s'ils se sont jamais vus, s'ils se sont jamais rencontrés. Eh bien, il est impossible de ne pas être frappé de l'analogie de tempérament, d'allures, de goûts, d'esprit, qui unit, à leur insu, ces deux soldats, le vieux maréchal et le jeune commandant de chasseurs. Sur le front de tous deux, éclate et rayonne un je ne sais quoi de chevaleresque et de français, de hardi, de fier, de sacré qui émeut, remue et enflamme.

Ni à l'un ni à l'autre, par exemple, ne parlez politique. Les plus savantes combinaisons du parlementarisme et les plus ingénieuses fictions du régime constitutionnel les laisseront insensibles, les trouveront absolument froids. Je dirai plus : ils haïssent ces sortes de choses et ne veulent point les comprendre. Assez d'autres, hélas! en font leur métier, leurs loisirs et leur profit. Mais qu'un matin, ces mêmes politiciens, blancs, rouges ou bleus, avec leurs innombrables, savantes et infernales combinaisons amènent l'ennemi à notre porte, entraînent l'étranger au cœur du pays, vous verrez le vieux maréchal et le jeune colonel, ainsi que vous les avez vus déjà, muets, obéissants, faisant, lions intrépides, avec une simplicité de héros et de martyrs, le sacrifice de leur vie, et cela, pour le seul amour de la vieille France !

Il faut que, chez les hommes de ce tempérament et de ce caractère, le sentiment de la patrie soit bien puissant pour qu'il leur fasse oublier tout, et ne voir que la France et l'honneur de son nom. — Je me souviendrai toujours des paroles de M. le duc de Chartres, le matin où je le vis. C'était peu de jours après le procès intenté au journal le *Pays* par le général de Wimpfen. On se souvient des scandaleux débats auxquels il donna lieu, et de cette série de récriminations, de témoignages si humiliants pour tous. — Le duc de Chartres, venant à parler de ces révélations, me dit :

« Je ne trouve rien de plus douloureux, de plus écœurant, de plus triste, que ces comparutions de soldats à l'audience, venant déposer, s'attaquer, se déchirer aux yeux du public. Un seul a été superbe, c'est mon ancien général à Constantine, le général de Gallifet. — Aussi, n'ai-je pu résister au besoin de lui écrire, le soir même, pour le féliciter de sa simple et militaire déposition. Lui, soldat, il s'est refusé à apprécier la conduite de son général et a donné une excellente leçon à tous. C'est ainsi que je comprends notre rôle dans l'armée ; pas d'avocats parmi nous, pas de discoureurs! L'effet de sa déposition a été saisissant, simplement parce que le général s'est borné à dire ce qu'il avait fait, sans se préoccuper de plaire à personne. Notre métier, notre devoir est d'agir et non de parler, » ajouta le jeune commandant de chasseurs, « et, suivant l'exemple de mon général, je ne m'écarterai jamais de ce rôle. »

N'avais-je pas raison, tout à l'heure, lorsque je disais que Robert Le Fort et Canrobert étaient soldats de même race et cœurs de même trempe?

LES ARTISANS DU COUP D'ÉTAT.

I

M. DE PERSIGNY.

L'autre soir, dans un salon, on causait de l'empereur Napoléon III, du coup d'État de 1851 et de ses principaux artisans. Chacun lançait son mot sur le dernier souverain qui régna en France; toutefois, la petite réunion ne contenait pas un seul républicain, — c'est dire que les jugements et les critiques portés sur le prince et ses amis furent exempts sinon de passion, au moins de parti pris et de grossièreté.

« — En vérité, fit un ancien député légitimiste, l'homme avait du bon, et, pour peu que nous ayons de la mémoire, nous ne saurions oublier avec quel soulagement on apprit, le 2 décembre au soir, en province, que la République avait vécu! Le coup était hardi, illégal sans doute, mais personne n'en fut surpris. Le jour où nous avions commis l'imprudence de voter tous pour le prince-président, lequel d'entre nous pouvait s'abuser sur l'issue probable des événements et sur la sincérité des sentiments républicains de l'Altesse Impériale? Je n'oublierai jamais la séance du 20 décembre 1848, et le moment solennel où le nouvel élu du suffrage universel se leva et prononça d'une voix forte et gutturale le serment de fidélité à la Constitution et à la République.

» — Berryer se pencha vers son voisin et lui dit ces simples mots :

» — Mon ami, l'empire est fait, nous sommes f.....

» Hélas! le grand orateur avait prédit juste!

» Cette famille Bonaparte avait alors, il faut bien l'avouer, de profondes racines dans le pays. Malgré les désastres, les ruines qu'avait accumulées le premier empire, malgré le sang répandu, malgré l'invasion, il n'était pas un toit de chaume qui ne conservât religieusement la légende glorieuse de Napoléon le Grand. La monarchie de Juillet n'avait-elle pas, en quelque sorte, inconsciemment, préparé les voies, en s'appuyant sur les doctrines et en cultivant, elle-même, la gloire du prisonnier de Sainte-Hélène? Le neveu du grand homme n'eut point de peine à conquérir les Français. Ses équipées mêmes, qui avaient tenu depuis vingt ans le gouvernement du roi Louis-Philippe en éveil, lui servirent au jour de l'élection.

» — Sans doute, reprit un personnage qui avait joué dans ces événements un rôle assez important, les temps étaient arrivés ; le pays, dégoûté du provisoire et des utopistes, réclamait un maître : il avait soif d'autorité. Mais il s'en fallut de fort peu que le coup d'État ne manquât par la faute même de celui qui était le plus intéressé à l'entreprendre. On a écrit bien des choses sur cet événement, mais je doute que l'on ait jamais su la vérité.

» Le prince, que j'ai connu beaucoup, poursuivit le personnage, avait certainement l'idée bien arrêtée de s'emparer du pouvoir et de se débarrasser de la Chambre; mais, dans son esprit, l'affaire n'était point mûre, le dégoût de la République et du régime parlementaire n'était point arrivé aux limites extrêmes.

— « L'avenir est aux apathiques, » avait dit une femme d'esprit de l'époque, en parlant du prétendant. Eh bien, cette apathie faillit tout perdre, et, sans Persigny, Napoléon III n'eût jamais régné en France.

» — Comment! interrompit quelqu'un, M. de Persigny avait tant d'influence?

» — Plus qu'aucun autre, durant cette période,

répondit notre personnage, et je puis vous affirmer que, trois jours avant le 2 décembre, c'est-à-dire le 30 novembre, Persigny eut avec le prince une explication si animée, si vive, pour ne pas dire si violente, qu'après cette entrevue cessèrent, non point les scrupules, mais les hésitations du Prince. Pour arriver à son but, l'impatient ami usa de tous les moyens : prières, supplications; on a même dit, et je le crois, éclats de colère, reproches amers, apostrophes irrespectueuses, menaces, tout fut mis en œuvre. L'heure était suprême, en effet; à la veille de toucher au but, le bouillant Persigny envisageait avec terreur les conséquences d'un retard : « Ce n'est point de vous
» seul qu'il s'agit, prince : c'est de nous tous qui vous
» avons conduit jusqu'ici : nous sommes acculés; il
» faut agir; un jour de retard et nous sommes per-
» dus! » Elles étaient très fondées, d'ailleurs, les appréhensions de Persigny; sans parler de l'attitude de la Chambre, les sommes empruntées par le président, en France et en Angleterre, étaient épuisées; ses amis, sans ressources, réduits aux expédients, aux abois. D'un côté, la misère, le ridicule, la prison et l'exil; de l'autre, le pouvoir, la fortune, les jouissances de toute sorte. L'éloquence brutale et les arguments de Persigny touchèrent le prince. Le jour et l'heure furent fixés. On connaît le reste.

» — Comme les événements se transforment à distance, reprit l'ancien député légitimiste ! Certes, aucun de nous n'a oublié l'émotion profonde, mais, il faut bien le dire aussi, le calme absolu qui suivit cette très coupable violation de la Constitution ! Quelle colère, quelle rage impuissante, quel dépit, parmi nos collègues arrêtés la nuit du 2 décembre ou gardés à vue à la mairie du dixième arrondissement !

» N'oublions pas, hélas! avec quelle indifférence la gouailleuse population parisienne accueillit la nouvelle que tous les représentants étaient pris au piège !

» Le temps calme les rancunes, et l'expérience démontre que les haines les plus acerbes, les plus tapageuses, ne sont pas toujours les plus tenaces. Je relisais dernièrement la liste des législateurs emprisonnés et je constatais philosophiquement que le sentiment de plusieurs d'entre eux s'était singulièrement modifié. Combien de victimes vinrent se rallier au bourreau de la Constitution ! J'y ai retrouvé des sénateurs et deux ministres, Talhouet et Daru ! et le duc de Montebello, que j'oubliais, et dont le fils...

» — Mais revenons à Persigny, dit un des interlocuteurs. Cette physionomie est peu connue : elle me semble assez originale.

» — Plus que vous ne pensez, fit le député légitimiste.

Lorsqu'il s'agit d'autre chose que de conspirer, le fidèle complice du prince Louis se révéla parfois plein d'idées ingénieuses et fécondes. L'acte d'accusation du complot de 1836 le définissait : « Un homme de » tête et de résolution, actif, intelligent, présent dans » tous les lieux où il s'agissait soit d'activer le com- » plot, soit de gagner des adhérents, et possédant, » mieux que tous, le secret des ressorts sur lesquels » reposait la conspiration. » Il promettait vraiment » plus qu'il n'a tenu. »

Napoléon III, cependant, n'oublia jamais les services et le dévouement de Persigny. De tous ses amis de l'adversité et de la première heure, Persigny fut le seul qui conserva vis-à-vis du souverain une liberté complète de langage et une indépendance absolue d'allures et d'opinions. L'empereur redoutait ses familiarités, mais il était trop faible et trop bon pour les faire cesser. Ce confident intime, ce compagnon des dangers, ami de cœur, était un peu l'enfant terrible ! Bien qu'il se tînt souvent à l'écart et dédaignât le rôle de favori, il voyait l'empereur à sa guise et lui exposait librement ses vues, ses opinions, ses griefs.

L'empereur l'utilisa forcément, mais sans profit pour l'État, car il faut bien le dire, M. de Persigny fut

un ministre assez inexpérimenté et un médiocre ambassadeur. Son esprit inquiet, son imagination vagabonde étaient sans cesse en éveil. Plein d'orgueil et de confiance en lui, mais toujours aigri, il croyait son génie incompris. Sur l'avenir de la dynastie et sur les principes qui devaient constituer le nouvel Empire, il professait des doctrines absolues et toutes personnelles. C'est ainsi qu'il voulait l'établissement d'une noblesse puissante, ouverte à tous, sorte de féodalité impériale. Le droit constitutionnel moderne était repoussé par lui; l'État, à ses yeux, ne devait s'appuyer que sur ces trois forces : l'empereur, la noblesse, le peuple libre. De ses séjours en Angleterre, il avait rapporté un goût très vif pour quelques institutions de ce pays, sauf toutefois le fonctionnement du régime parlementaire, qui lui faisait horreur.
— Peu apprécié par les hommes politiques siégeant au conseil du prince, qui voyaient simplement en lui un esprit peu pratique, brouillon et chagrin, il s'en vengeait en s'exprimant sur leur compte avec une vivacité et une amertume qui lui fermèrent bientôt toutes les avenues du pouvoir. « Il faudrait créer pour M. de Persigny, disait l'un d'eux, un ministère spécial, sans portefeuille et sans voix délibérative : le ministère du dévouement et de la fidélité. »

Quoi qu'il en soit, Napoléon III aimait Persigny et lui pardonnait aisément ses boutades, ses caprices et jusqu'à ses intempérances de langage. Il n'oublia jamais que celui-là fut l'artisan et l'instrument le plus actif des grands actes de sa vie : Strasbourg, Boulogne et le 2 Décembre.

Parmi ses défauts, le duc de Persigny avait celui de calculer fort mal. Il avait enfoui dans les splendeurs de sa terre de Chamarande, — où il recevait avec une prodigalité fastueuse, — des sommes si considérables, que, plus d'une fois, le conseiller privé de l'empereur, malgré ses cent mille francs de traitement et sa dotation, se trouva aux abois et fut sur le point d'être poursuivi par ses créanciers. Ces jours-là, on recourait au maître, et il faut bien le dire, jamais le fidèle ami ne sortait les mains vides de ces entrevues matinales. Une fois cependant, l'empereur tint en suspens son trop prodigue serviteur et se donna le plaisir de le déconcerter; c'est Napoléon III lui-même qui fit à une personne que nous pourrions nommer la confidence suivante :

« — Persigny est venu me voir hier et je n'ai pas tardé à comprendre ce qu'il voulait; il était triste, distrait, préoccupé, et attendait avec anxiété que je l'interrogeasse sur le sujet de ses préoccupations.

» — Ah! Sire, finit-il par me dire, je suis sous le

» coup d'un des plus vifs chagrins de ma vie. Cette
» terre seigneuriale de Chamarande, à laquelle je me
» suis tant attaché, que j'ai créée, qui est mon œuvre,
» et que je voulais laisser comme un fief à mes en-
» fants : je vais être forcé de l'abandonner! »

» Persuadé que j'allais d'un mot, calmer ses inquiétudes, ajouta l'empereur, Persigny énumérait à plaisir les sacrifices faits dans cette résidence si chère, et me parlait du déchirement de son cœur, s'il fallait l'abandonner, lorsque je lui répondis négligemment :

» — Eh bien, mon cher duc, croyez-moi, c'est le
» meilleur parti que vous puissiez prendre, c'est le
» plus sage, le plus prudent : vendez Chamarande!
» Cette terre, en vérité, est trop lourde pour vous,
» et vous n'aurez jamais aussi sagement agi que le
» jour où vous en serez débarrassé. »

» — Le pauvre diable, à ces mots, ajouta l'empereur, changea de couleur ; il était sur des charbons, et ne savait comment répondre. Enfin, après l'avoir tenu ainsi quelques minutes, et avoir joui de son embarras, je sortis, en riant, de mon tiroir, la fameuse somme et le congédiai le plus heureux des seigneurs châtelains.»

Au demeurant, le duc de Persigny — (l'empereur l'avait fait comte, en 1852, à l'occasion de son mariage avec la fille du prince de la Moskowa, et duc, en 1863, après son échec, au ministère de l'intérieur) — n'était qu'un rêveur hardi. Malgré son volumineux mémoire sur l'*Utilité des Pyramides d'Égypte*, malgré les qualités d'audace, d'énergie, de persévérance qu'il déploya comme conspirateur, malgré ses plans grandioses d'un empire féodal, démocratique et imaginaire, l'ami de l'empereur ne possédait aucune des qualités maîtresses qui font l'homme d'État. — Esprit chercheur mais distrait, aventureux, tempérament nerveux, il n'eut qu'une heure dans sa vie, ce fut celle où il contraignit le prince-président à se décider.

On nous a conté que, dans le voyage qu'il fit à Rome en 1866, accompagné de madame la duchesse, le conseiller privé de l'empereur distribuait, de très haut, ses conseils au pape, au cardinal Antonelli, aux ministres. Mgr de Mérode ayant un soir, avec lui, une discussion animée, le duc crut spirituel de reprocher au prélat ses goûts batailleurs d'ancien soldat. « C'est vrai, j'ai été capitaine dans la légion étrangère de France, reprit le prélat, et je me suis battu en Afrique, si bien que j'ai gagné la croix. Mais vous, monsieur le duc, il me semble bien l'avoir entendu dire, n'avez-vous pas été quelque peu maréchal des logis? »

Le duc impérial, grand dignitaire de l'empire, était

fort simple de goûts. Né en 1808, à St Germain (Loire), il mourut en 1872, à Nice, rongé par la douleur de survivre à l'empire et miné par des chagrins domestiques.

II

M. DE MORNY.

Un soir du mois de janvier 1849, vers dix heures, un coupé entrait dans la cour de l'Élysée et s'arrêtait devant le perron. Depuis quelques semaines seulement, le prince Louis-Napoléon occupait la présidence. Le palais, ce soir-là, était plongé dans une obscurité presque complète et dans un silence profond. Le grand vestibule, où sommeillait un valet de pied, était à peine éclairé; dans le salon des officiers d'ordonnance, le capitaine X... lisait auprès de la cheminée. Le prince Louis, après avoir congédié sa maison plus tôt que d'habitude, était resté seul dans son appartement. Visiblement préoccupé, il arpentait son cabinet de long en large, l'éternelle cigarette aux lèvres, et regardait sans cesse le cadran de cette même pendule sur laquelle s'étaient fixés les yeux de l'empereur Napoléon Ier, le jour douloureux de l'abdication. — Au moment où la porte s'ouvrit, et lorsque l'officier d'ordonnance eut annoncé le visiteur attendu, le visage du prince s'épanouit : « Qu'il entre, qu'il entre ! », fit-il, sans prendre la peine de dissimuler son impatience. — Un homme, d'un peu plus de trente ans, à la tournure élégante, à la physionomie remarquablement fine, fut introduit. Le prince Louis s'avança précipitamment au-devant du visiteur, lui tendit la main, et, après un moment de silence, l'attira dans ses bras. — Telle fut la première entrevue du prince Louis-Napoléon avec le comte Auguste de Morny ! Avant ce jour, les deux frères ne s'étaient jamais vus ! Un ami commun, le marquis de X..., avait ménagé la rencontre. M. de Morny sortit de l'Élysée à une heure du matin !

Que se passa-t-il durant ce long entretien? Personne ne le saura. Mais, de ce jour, M. de Morny eut ses petites et ses grandes entrées auprès de Son Altesse Impériale, le prince-président de la République.

Député de l'arrondissement de Clermont-Ferrand avant 1848, M. de Morny fit partie de l'Assemblée législative en 1851 seulement. Il reçut la confidence, avant tout autre, des projets du Président, et on n'ignore point quelle part importante lui fut réservée dans la perpétration de ce que MM. Victor Hugo, Félix Pyat et Blanqui, et quelques autres encore, appellent le crime du 2 Décembre.

De nos jours, il faut bien l'avouer, les grandes personnalités sont rares. Nul, pour ainsi dire, ne se distingue des autres d'une façon éclatante et n'émerge au-dessus de la foule. L'empire a produit nombre de talents distingués, de spécialités remarquables, de fonctionnaires habiles ; dans cet ensemble, c'est à peine si l'on découvre deux ou trois figures hors pair, deux ou trois de ces hommes qui s'imposent et ne s'oublient point. — M. de Morny fut de ceux-là. — Les voiles qui avaient entouré sa naissance, voiles que chacun des intéressés, du reste, avait pris soin de rendre fort pénétrables, ne furent point inutiles à sa carrière. Fils d'une reine artiste, pleine de charmes et éminemment gracieuse, élevé par une grande dame d'esprit, sa jeunesse s'écoula paisiblement en France, à l'ombre d'un gouvernement paternel qui lui donna le loisir de se livrer à tous ses goûts d'élégance, et de faire de la politique, de l'industrie, après avoir été homme d'épée. Sorti de l'école d'état-major, il devint sous-lieutenant en 1831, et passa quelque temps en Afrique. Ce fut là qu'il connut les princes d'Orléans ; les rapports les plus intimes s'établirent entre les jeunes gens, et, de retour en France, les relations continuèrent. — On assure même que le chevaleresque duc d'Orléans prisait son compagnon d'armes assez haut pour oublier un jour les distances, et lui faire l'honneur de croiser le fer avec lui ; mais ceci est de la chronique.

Vaillant en amour autant qu'à la guerre, le moderne Dunois mettait en action chacun des couplets de la célèbre romance maternelle, avec la naïveté en moins ; car nul, à coup sûr, ne mérita aussi peu que M. de Morny le reproche de naïveté excessive. Il se distingua en plusieurs rencontres, sous les ordres des généraux Changarnier et Trézel. Sur le champ de bataille, devant les goums du désert, le jeune officier fit preuve de cette décision calme, de cette intrépidité que devait déployer plus tard le ministre de l'intérieur du 2 Décembre.

Toutefois, la vie militaire, si monotone et si vulgaire, en dehors de l'attrait et de la poésie du danger, convenait peu au pupille de madame de Souza. En 1838, étant en garnison à Clermont-Ferrand, il donna sa démission de lieutenant de lanciers. Il fondait, peu de temps après, dans les environs mêmes de la ville, une importante usine pour la fabrication du sucre indigène. L'année suivante, le soldat industriel, grave économiste de vingt-sept ans, publiait une brochure, *la Question des Sucres*, qui eut un certain retentissement. Si bien que les Auvergnats, gens malins et pratiques, parmi lesquels l'officier comptait déjà de nombreux amis, élurent député, aux élections de 1842, leur compatriote adoptif. Voici donc, conduit par les hasards de la vie, l'homme de tous les raffinements, le fondateur du Jockey-Club, sacré Auvergnat et représentant les rudes et laborieuses populations du Puy-de-Dôme. Le nouveau député était adoré de tous : « Les bons *comtes* font les bons amis, » avait-on l'habitude de dire *place de Jaude*, à propos de lui. Le comte de Morny possédait, en effet, un don singulier de séduction, un charme particulier qui le rendaient irrésistible et populaire, et le faisaient rechercher des plus grands aussi bien que des plus petits. Sans hauteur, mais aussi sans abandon avec ses égaux, il portait en lui je ne sais quoi de simple et de fort qui imposait le respect, attirait les cœurs, tout en éloignant la familiarité.

Je me souviens encore du cas que faisaient les vieux parlementaires de 1846 de leur collègue de Morny. A la Chambre des députés, en effet, il marchait en tête de ces jeunes conservateurs libéraux de bon sens qui soutenaient M. Guizot dans la plupart des questions. — Bizarre destinée ! sans la piteuse, l'inepte révolution de 1848, M. de Morny devenait nécessairement un des ministres du roi Louis-

Philippe. — Survint la République! Loin de courir après la fortune, le député d'Auvergne, qui avait parfaite conscience de sa valeur et foi en son étoile, attendit paisiblement qu'elle vînt le guider pour le conduire, un beau soir de janvier, dans le cabinet de celui qui allait devenir Napoléon III.

Nous ne savons quelles terribles et nouvelles épreuves sont réservées à la France républicaine; mais, dans un moment de crise mortelle, de danger public, à l'une de ces heures où les citoyens affolés réclament à hauts cris le salut, dans une détermination soudaine, dans un acte de volonté indomptable, il n'est personne qui, tournant ses regards en arrière, ne voie se dresser dans la nuit du 2 Décembre la silhouette élégante et calme du comte de Morny, signant des décrets, donnant des ordres et distribuant des consignes avec la sérénité impassible du devoir accompli.

Sans vouloir sonder ou justifier les motifs qui déterminèrent Napoléon III à balayer le parlement et « à sortir de la légalité pour rentrer dans le droit », il faut reconnaître, bon gré, mal gré, que l'acte fut merveilleusement conçu et exécuté, et qu'on y reconnaissait la direction d'un maître et la griffe puissante d'un artiste.

On a comparé de Morny à Retz. Je crois le duc supérieur au cardinal. — Morny, issu de sang royal, aimait à agir et à manœuvrer grandement. Les petitesses, les basses et mesquines intrigues, les vilenies inutiles lui répugnaient. Après avoir accompli l'œuvre de Décembre, qu'il mena à bonne fin, comme inspirateur et metteur en scène, le ministre de l'intérieur n'hésita point à se séparer de la politique impériale lorsque ses conseils cessèrent d'être écoutés. — Il demeura ministre moins d'un mois, et, le 22 janvier 1852, jour où parurent les décrets de confiscation des biens de la famille d'Orléans, le frère naturel de l'empereur, le plus puissant et le premier personnage de l'empire, se retira de la scène politique, avec une aisance et une désinvolture bien faites pour stupéfier nos républicains d'aujourd'hui!

Président du Corps législatif en 1854, il se révèle sous un nouveau jour et déploie dans ses fonctions un tact, un sang-froid, un esprit d'impartialité et d'à-propos, qui le firent admirer de ses adversaires. — Jamais, même aux temps récents, alors que siégeait l'austère et impeccable Gambetta, la tribune ne fut plus libre, la minorité plus écoutée, plus respectée et mieux défendue. M. de Morny abandonna, pendant un an, son Palais-Bourbon, pour aller en Russie, en qualité d'ambassadeur extraordinaire, assister au couronnement de l'empereur Alexandre. Il représenta la nouvelle dynastie avec grand éclat, même avec faste. Pour la circonstance, il avait fait transporter à Saint-Pétersbourg sa galerie de tableaux; sa maison et ses équipages furent dignes d'un pair d'Angleterre. Nous nous rappelons un détail : ses carrosses de gala, ses voitures portaient un écusson fort simple : *un hortensia surmonté d'une couronne*. Nous eussions préféré des armes parlantes plus discrètes. N'est-ce pas en souvenir de ces armoiries irrespectueuses qu'une hétaïre trop connue s'autorisait plus tard à se fabriquer un blason où l'on voyait une *abeille butinant une marguerite ?*

Le duc de Morny, il faut bien le dire, a été la personnalité la plus brillante et la plus forte du second Empire; il dépassa de cent coudées les amis et les ministres du souverain, qu'ils fussent du lendemain ou de la veille. Homme d'État aventureux, plein d'audace à l'heure opportune, il fut parfois un conseiller aux vues larges et fécondes. Gentilhomme accompli, grand seigneur irréprochable, pétri d'élégance, de grâce et de séduction, il eut tous les succès sans en être vain et fut, comme Brummel, un *dandy*, roi de la mode.

Le secret de sa supériorité et de sa force résidait

dans une absence absolue de scrupules, dans un grand bon sens et dans un mépris intelligent de l'humanité. — Il aimait et cultivait, sans passion, les lettres, les arts, la politique, les chevaux, le luxe et les femmes, plaçant ces goûts divers à peu près sur le même plan.

Une fois dans sa vie, cependant, il céda à un entraînement, plutôt à une fantaisie d'Orient : ce fut le jour où, déjà mûr, il épousait la très jeune princesse Troubetskoï, la plus capricieuse, et à la fois, la plus étrange des jolies femmes !

On a souvent reproché à M. de Morny ses ingérences dans des affaires financières un peu ténébreuses : c'est une niaiserie. Sans doute doit-on honorer la vertu et s'incliner devant les vrais justes. Mais combien d'hommes, même en République, touchant à la politique, aux grandes affaires et à la diplomatie, ont été, avec plus ou moins de vraisemblance, l'objet de semblables soupçons !

Le duc de Morny est mort à Paris, en 1865, dans son charmant palais du Corps législatif. Le soleil de l'Empire était à son zénith ; quant à lui, il est parti un soir, après trois jours de souffrance, en pleine possession de son intelligence, debout, habillé, entouré de familliers et de visiteurs, ses salons éclairés, ouverts comme pour un jour de réception. — Il eut tous les bonheurs : sa veuve inconsolable coupa sa blonde chevelure et la déposa, selon l'usage russe, dans le cercueil renfermant la dépouille adorée. La duchesse, cependant, survécut à sa douleur, et devint, deux ans après, pour ne point changer de titre, duchesse de Sesto. — Le duc de Morny a laissé quatre enfants. La magnifique propriété qu'il avait créée à Nades, sur la lisière de l'Auvergne et du Bourbonnais, a été vendue, après sa mort, à une bande noire. Le parc, les terres, les bois sont dispersés; le château, vraie folie de surintendant, a été démoli en partie; un incendie a détruit le reste. — N'en est-il pas de même de son autre création : le troisième Empire !

M. ROUHER.

Le nom de M. Rouher restera à jamais attaché au nom de Napoléon III. Le règne terminé et le fils de son maître dans la tombe, le serviteur fidèle, l'ouvrier vaillant de la première et de la dernière heure, après avoir couvert ses habits de cendres, s'est retiré du monde des vivants, sans bruit, mais irrévocablement.

Pour lui, il n'y eut pas à redouter les retours, les soubresauts, les résurrections soudaines, les rebondissements scandaleux qui signalèrent la vieillesse de cet autre homme d'État, M. Thiers, qui sut si habilement abriter, sous les paillons dorés du patriotisme, ses trahisons, ses palinodies, son égoïsme féroce et ses appétits insatiables du pouvoir.

Sans vouloir préjuger les arrêts de l'histoire, nous n'hésiterons pas à dire qu'il manqua au premier ministre de l'Empire bien des qualités, sans compter cette envergure, cette indépendance et cette audace de génie qui font les Richelieu, les Cavour et les Bismarck. Mais celui-là, au moins, ne trahit jamais sa cause et son prince, et ne sacrifia jamais sciemment son pays à son orgueil.

Aussi merveilleusement doué que le ministre du roi Louis-Philippe, M. Rouher fit de ses facultés un tout autre usage. Bien que la souplesse ne soit point le caractère de cette race auvergnate dont l'avocat de Riom fut une illustre personnification, on a justement accusé M. Rouher d'avoir été trop souvent courtisan et d'avoir, presque toujours, manqué d'initiative. L'autorité de ses conseils étant prépondérante, on est admis à lui faire un crime de n'avoir pas, en telles circonstances, exercé sur le souverain une salutaire influence, une légitime pression.

On nous répondra sans doute, et avec raison, que si le serviteur n'était pas Sully, le maître était encore moins Henri IV. Ce n'est pas une excuse

Un mot significatif, prononcé devant nous par un paysan d'Auvergne, répond à cette pensée. C'était après Sedan, en septembre 1870; l'Empire et tout ce qui touchait à l'Empire était honni, et, il faut bien l'avouer, par toute la France ce sentiment était général. En Auvergne, l'exaspération contre M. Rouher fut telle, que l'on dut faire sortir de Riom des voitures appartenant à l'ex-ministre, de peur de les voir brûler. — Comme on demandait à un maire des environs de Riom les motifs de cette rage et de cette haine, si différentes de l'admiration de la veille : « Ah! Monsieur, voyez-vous, c'est que le plus coupable, c'est bien lui! Ce n'est pas tant à l'Empereur qu'on en veut, le pauvre cher homme! Il n'avait pas la tête et les capacités de M. Rouher, lui! et, comme c'était Rouher qui gouvernait tout, et que celui-là était assez fin et assez capable, c'est donc qu'il a voulu faire le mal. Il est l'auteur de la guerre, de notre ruine; tout le monde le dit, et c'est bien vrai! »

Ce paysan ne manquait pas de logique; ses prémisses seulement étaient fausses. Il n'était pas exact, malheureusement peut-être, que le vice-empereur eût été maître absolu de la situation et conseiller écouté. — Une autre voix, hélas! une autre inspiration que la sienne, celle d'une femme, en ces heures critiques, guida ou plutôt harcela le malheureux souverain, indécis, malade et découragé!

Le drame impérial a pris fin. Sans nous occuper à rejeter la responsabilité des actes sur tels ou tels personnages, il nous semble plus intéressant et plus séant d'étudier, aujourd'hui, la physionomie de ceux qui jouèrent un grand premier rôle ; et parmi ceux-là, M. Rouher occupe la première place. M. Rouher, plus que tout autre, à cette heure, relève de l'histoire ; sa personnalité nous appartient ; elle a été trop importante, trop bruyante pour qu'il ne nous soit pas permis de le juger impartialement, sans haine, comme sans crainte, et de porter la lumière, sur sa vie politique et sur ses commencements.

Rien de ce qui touche à un homme célèbre n'est indifférent ; aussi, malgré le côté intime des détails qu'il contient, citerons-nous longuement un curieux ouvrage presque inédit, publié l'an dernier, à quelques exemplaires. L'auteur, désirant avoir sur son compatriote des renseignements aussi exacts que possible, s'était adressé à une vieille parente qui quittait rarement l'Auvergne. La réponse est des plus piquantes :

« Tu me demandes, mon cher enfant, des choses auxquelles je suis vraiment un peu embarrassée de répondre. D'abord, je ne trouve pas notre Rouher aussi légendaire que tu veux bien le dire. Il est vrai qu'il est un peu trop de la maison pour nous éblouir. — Enfin, puisque tu le désires, je commencerai par sa généalogie. L'arrière-grand-oncle du ministre, un Pierre Rouher, fut le dernier abbé du chapitre d'Artonne, en 1787. Quant à son grand-père, il cultivait ses vignes au même village d'Artonne, près de Riom, avec succès, si bien que le fils, le père d'Eugène, devint avoué à Riom. Celui-là réussit médiocrement, dans la basoche. Il avait acheté, ici, rue Desaix, une petite maison à un étage. C'est là qu'est né, en 1814, l'homme d'État qui a fait Sadowa, le Mexique, a laissé entreprendre la guerre avec la Prusse et avant cela tant d'autres choses. Mais assez! N'oublions pas que je suis demeurée vieille royaliste enragée, mon pauvre enfant. Cependant je veux bien accorder que Rouher a quelques bonnes actions à son actif; le jour surtout où il déclara que *jamais* la France n'abandonnerait le Saint-Père à Rome. Je te disais donc que la maison Rouher est petite, noire et basse. Elle a été vendue sous l'Empire, il y a plusieurs années, par le ministre, sur le désir d'une de ses filles, à un menuisier nommé Grenet.

» Eugène Rouher fit son droit à Paris vers l'année 1835 ou 1836. Il fréquentait assidûment les bals scolaires et champêtres de l'époque, et, tout en pâlissant sur les livres, menait joyeuse vie, au dire de ses contemporains et de ses vieux camarades. — Il revint au pays comme avocat stagiaire. — Peu de temps auparavant, il avait eu la douleur de perdre son frère aîné, de beaucoup plus âgé que lui. Ce dernier possédait un excellent cabinet d'avocat. Le cadet hérita de la clientèle et, se mettant à travailler dur, comme un Auvergnat têtu qu'il était, parvint, en peu d'années, à se créer au barreau de Riom, une très bonne position; car il avait la parole facile, comprenait bien les affaires et se faisait aimer de tous.

» En 1842, les Auvergnats, c'est-à-dire, entendons-nous, nos bons voisins de Clermont, aussi peu experts en ces temps-là, qu'ils le sont aujourd'hui, en politique, ne s'avisèrent-t-ils pas de se soulever et de faire une émeute à l'occasion du recensement général! Tu es trop jeune pour t'en souvenir. — Les malins, les meneurs d'alors, se figurèrent ou plutôt firent croire aux habitants naïfs, qu'il s'agissait d'établir un impôt sur leurs vins... Impossible de les détromper. Les troubles prirent une certaine gravité ; on hurla *la Marseillaise* et le *Ça ira;* mais ce qui fut, certes, plus sérieux, on alla jusqu'à mettre le feu à la maison du maire, M. Conchon. — Ce brave Conchon, que j'ai bien connu, était un mince avocat de Clermont, qui plaidait peu, mais faisait force petits vers anacréontiques pour les réunions du Caveau de Clermont.

» Je crois même qu'il avait, à l'instar des beaux esprits du temps, un peu traduit le poète Horace. Néanmoins, il était sans grande fortune et orné de deux filles et d'un fils. Or l'incendie de sa maison devint la source de toutes ses prospérités. Tu vas voir comment : on la lui reconstruisit d'abord ; et pour ce, il lui fut compté cent bonnes mille livres. Ensuite le gouvernement le décora — je ne sais guère pourquoi — et on en fit un conseiller à la Cour de Riom. C'était beaucoup déjà ; sa chance, cependant, ne devait pas se borner là : mademoiselle Conchon aperçut à Riom le jeune Rouher et fut émue. De là, déclaration au papa qu'on n'épouserait personne autre que le charmant avocat. Le conseiller Conchon résista d'abord, puis finit par céder.

» Voilà donc notre Rouher vivant heureux, gagnant passablement d'argent et trouvant sans doute que le roi Louis-Philippe était, en ces temps-là, le plus brave des hommes et le plus sage des souverains. Rouher passait, à cette époque, pour un fort gai compère, ne dédaignant pas la plaisanterie, bon vivant, adoré de tous, et, de plus, fort joli garçon.

» Je me souviens de certain bal costumé donné à Riom par la baronne Voysin de Gartempe, veuve du conseiller à la Cour de cassation, et dans lequel le jeune couple Rouher fit, pour la première fois, son entrée dans les salons de la société aristocratique de l'endroit. Tu n'ignores pas combien, en notre ville, alors surtout, nous étions rigides, exclusifs. Un vrai Poitiers! L'apparition du nouveau ménage fit grande sensation. Toute vieille que je suis, je vois ce bal comme si c'était hier. Rouher arriva dans un costume de pierrot, à carreaux blancs et rouges; à chacun de ses carreaux, pendait un *cosaque*, sorte de bonbon fulminant, et nous vîmes bientôt dames et demoiselles s'empresser autour du joli pierrot, afin de lui arracher un cosaque, emportant chaque fois avec le bonbon une bride de son vêtement. — Mais attendons la fin; au bout d'un quart d'heure, l'ami Rouher n'avait sur lui que des loques, lorsque tout à coup, brillant papillon, il sortit de sa chrysalide pour apparaître dans un superbe costume espagnol. Sa femme, elle aussi, déguisée en espagnole, n'avait oublié ni le jupon court, ni le poignard à la jarretière. Pour en revenir à Rouher, sa jeune épouse était jolie à croquer, mignonne et sémillante à ravir. Nous étions bien un peu susceptible et enfant gâtée, et nous n'avions certes pas autant d'esprit que notre mari, mais bah! le gaillard avait de quoi suffire à deux. »

Afin de compléter les détails concernant l'homme, nous puisons encore à la même source. Ce sont des fragments de lettres écrites de Riom par des compatriotes de l'illustre ministre et qui le font bien connaître.

« En 1848, M. Rouher hanta les clubs, y parla même beaucoup et très habilement. Il passa sur la liste républicaine des quinze députés, dont Altaroche, Trélat, etc... qui furent tous élus. Il se fit remarquer à la Chambre, devint ministre sous le Président, et le fut toujours depuis. Vous savez le reste.

» M. Rouher a toujours été sensible, généreux ; il accueillait très cordialement ses compatriotes, rendant service aux personnes du pays et surtout aux gens de son entourage immédiat. Quoi qu'il en soit, il est fort à regretter aujourd'hui que, dans sa puissance quasi souveraine, il n'ait rien fait d'exceptionnel pour notre ville de Riom, où il venait fort peu dans ces derniers temps.

» Esprit très caustique et finement moqueur, M. Rouher n'avait aucun fiel. Il était doué d'une mémoire inouïe et d'un vrai talent d'imitation ; de plus, charmant causeur et conteur très spirituel. On se souvient encore, à Riom, de ses saillies et de ses mots. Lorsqu'il débarquait en Auvergne pour le Conseil général, il logeait à Clermont ou aux environs. Sa famille a été bien pourvue. Son frère aîné, mort jeune encore, avait laissé une veuve et un fils. La veuve, qui s'appelait Sophie, vit encore. Sous l'Empire, elle tenait à Riom un salon, et l'on se plaisait à lui donner le nom de *Princesse Sophie*.

» C'était une femme d'une grande valeur, pleine de courage et d'intelligence, qui a contribué puissamment à la première fortune de sa famille. Tous les magistrats allaient lui faire leur courbette. Elle exerçait une excellente influence sur son beau-frère, et ses recommandations étaient fort écoutées. Son fils n'est autre que Gustave Rouher, jadis maître des requêtes et secrétaire de son oncle, brave garçon, mais voilà tout !

» M. Rouher fit d'un de ses beaux-frères un receveur général, et de l'autre un préfet. Quant à son beau-père, M. Conchon, il devint conseiller à la Cour de Paris. Celui-là était vraiment un singulier homme; nul toutefois ne demeura plus fier du mari de sa fille.

» Il était resté provincial et peu familier avec les rues de la capitale ; on le rencontrait, sans cesse, demandant son chemin aux passants, en ces termes : « Pour aller chez mon gendre, au ministère, par où faut-il passer ? » Ou bien il interrogeait les marchands, avec lesquels, selon l'habitude de la province, il causait volontiers des affaires du jour ; puis, après avoir fait un achat, il glissait : — « Vous porterez cela, n'est-ce pas ? au ministère, chez M. Rouher, mon gendre ». Ce gendre le satisfaisait alors infiniment plus, il faut l'avouer, que le jour où le jeune couple s'agenouillait à l'autel, dans la petite église des Marthurets.

» Sous l'Empire, la rue, où était né obscurément le premier ministre devint la rue *Eugène-Rouher*. Au 4 septembre 1870, le conseil municipal, qui sûrement comptait parmi ses membres des parents à lui et des obligés..., s'empressa, dans un élan de courage civique et de républicanisme, de biffer son nom et de rendre à la rue son nom primitif de *Desaix*, donné à une autre rue, et qu'elle porte encore. Cette patriotique résolution fut prise sur la proposition du maire et à la presque unanimité : nous disons presque, car nous savons tels membres dudit conseil municipal qui sortirent indignés de la réunion et ceux-là, cependant, n'étaient point des partisans de l'Empire ! »

Nous n'avons pas à suivre la longue carrière politique du ministre. Ses merveilleuses facultés d'intelligence et de travail se développèrent chaque jour davantage sur une scène plus élevée, et, de même qu'au comte de Cavour, on aurait pu confier à M. Rouher trois ministères... Ainsi que le grand Italien, il eût amplement suffi à la tâche. Lorsque parurent, le 22 janvier 1852, les décrets impériaux relatifs aux biens de la famille d'Orléans, M. Rouher donna sa démission de garde des sceaux. Cet acte de dignité n'étonna personne parmi ceux qui le connaissaient. Quelque temps après, il était appelé à la vice-présidence du Conseil d'État, et devenait le conseiller le plus autorisé du souverain.

L'extrême simplicité de mœurs du vice-empereur restera légendaire. Homme de famille par excellence, il n'a cessé, au milieu des grandeurs, de conserver les goûts les plus modestes et son humeur gauloise. Ses soirées au ministère d'État se passaient généralement auprès des siens; un petit cercle d'amis, de familiers auvergnats et autres, lui suffisait amplement, et il pouvait à sa guise, dans le sans-façon de l'intimité, satisfaire sa passion effrénée pour le jeu de piquet. Ses fidèles étaient alors quelques membres du Conseil d'État : M. Meynadier, ancien préfet du Puy-de-Dôme, M. Bayle-Mouillard, des

magistrats d'Auvergne, devenus Parisiens par lui ;
M. Mauzat-Laroche, conseiller à la Cour. Puis, de
temps à autre, on voyait apparaître de jeunes
figures, celle de Guyot-Montpayroux, plein de verve
et d'humour, plus jovial surtout que son ami de
Saint-Vallier, le secrétaire particulier, attentif, aimable, mais toujours grave. Ce dernier, alors secrétaire d'ambassade, avait été détaché du cabinet du
quai d'Orsay et placé directement auprès du ministre par son protecteur, le marquis de la Valette.

Les dernières années du règne de Napoléon III
ne furent, pour le vice-empereur, il faut bien le dire,
ni les plus faciles, ni les plus brillantes. Depuis le
14 janvier 1852 jusqu'au 19 janvier 1867, il y avait
eu, entre le souverain, son gouvernement et le pays,
unité de vues et complicité presque complètes. — Sans
doute, l'incomparable avocat, défenseur officiel de
tous les actes du gouvernement, fut-il parfois contraint de plaider un peu contre sa pensée et d'excuser
devant le Parlement telle mesure plus ou moins opportune, dont il devait bon gré mal gré glorifier l'excellence et revendiquer la responsabilité. Le crédit,
l'autorité toute-puissante de M. Rouher demeuraient
intactes.

Un de ses amis, le rencontrant un jour, au moment où il partait gaiement en guerre pour le Palais-Bourbon, armé de pied en cap, et résolu, selon sa consigne, à faire accepter à la Chambre une proposition délicate, se permit une indiscrète interrogation. Il osa demander au ministre s'il était certain du succès et pleinement convaincu de la bonté de sa cause. — « Quant au vote, n'en doutez pas ! reprit celui-ci. Maintenant, si vous aviez, aussi longtemps que moi, mon cher, exercé le métier d'avocat, vous sauriez qu'on ne choisit pas toujours ses dossiers ; mais rassurez-vous, j'ai fait acquitter de plus grands coupables ! »

Tout le rôle politique parlementaire de M. Rouher est contenu dans cet aveu.

M. Rouher à la tribune procédait d'une façon tout autre que ses devanciers. Il n'avait ni la dialectique serrée de M. Dufaure, ni l'énergie incisive de M. Billaut, se rapprochant davantage de M. Thiers, avec plus d'élévation cependant, plus de chaleur et une langue meilleure. De même que lui, il saisissait l'ensemble d'une question, et, d'un coup d'œil, l'envisageait sous toutes les faces ; sa facilité de travail était extraordinaire, aussi bien que la clarté, la lucidité avec laquelle il savait exposer une affaire.

Un de ses collègues au Corps législatif, m'initiait récemment à ce qu'il appelait la manière du maître. — Le système de M. Rouher, en présence d'une interpellation ou d'une réplique, variait rarement, que les attaques vinssent d'orateurs les plus divers, de Berryer, de Thiers ou de Jules Favre. Sans prendre une note, sans interrompre, il demeurait immobile, les bras croisés, renversé dans son fauteuil, les yeux fixés sur son interlocuteur, attendant, sans témoigner d'impatience, que celui-ci eût développé à fond toute son argumentation. — M. Rouher, alors, se levait pesamment de son siège, et montait à la tribune, lorsque tribune il y avait, et, là, d'une voix vibrante, chaude et timbrée, entamait la réplique. — Avec une netteté prodigieuse, il reprenait, un à un, tous les arguments de la partie adverse, les exposait à nouveau presque dans les termes de l'orateur, sans omettre un seul point, sans dissimuler un seul trait.

Cette impartialité, cette bonne foi du ministre qui semblait se complaire à reproduire et à spécifier toutes les attaques avec une dédaigneuse précision, ne laissaient pas que de surprendre et de prévenir en sa faveur. « Pour oser avec tant de conscience exposer les griefs de son ennemi, pensait l'auditoire, il faut qu'il soit bien sûr de lui-même ! Avec quelle puissance, avec quelle grâce, nous allons le voir, tout à l'heure, terrasser l'adversaire, mettre à nu ses raisonnements et détruire, de fond en comble, l'échafaudage de son argumentation ! » Telle était l'impression générale ; cette première partie du discours impliquait nécessairement une confiance absolue de la part du maître ; on allait maintenant arriver au fait ! Mais, aussitôt, opérant un singulier mouvement tournant, au lieu de prendre corps à corps les points si bien signalés par lui, l'habile lutteur se dérobait dans des lieux communs, dans quelques affirmations incontestées de tous qui arrachaient les premiers bravos aux *Mameluks*. Puis, lorsque les assistants étaient suffisamment échauffés, l'orateur faisait appel à la bonne foi des députés, à leur patriotisme, à la tranquillité du pays, à la paix du monde, à la stabilité des institutions, terminait par quelques phrases ardentes et chaleureuses et le tour était joué !

— On passait au vote, et voilà le gouvernement ébranlé, — seulement d'après le dire de M. Rouher, — raffermi et recevant de la représentation populaire, une nouvelle et éclatante consécration !

Loin de nous la pensée de réduire le grand talent oratoire de l'ancien ministre d'État, aux seuls procédés (pour ne pas nous servir d'un mot employé au théâtre) que nous venons de décrire. — Cette révélation eût peut-être fait sourire M. Rouher lui-même, en lui rappelant les plus brillantes journées de sa vie.

Écarté, dès 1868, des conseils de l'Empire et cantonné dans la présidence du Sénat pendant l'infructueux et loyal essai de régime parlementaire inauguré par Napoléon III, M. Rouher dut céder la place à M. Émile Ollivier, et attendit assez dignement les résultats de cette politique, tentative trop généreuse ou troptardive.

Après la chute de l'Empire et nos désastres, le rôle de M. Rouher reprit une nouvelle importance. Reconnu et accepté par tous les amis du dernier gouvernement comme le chef incontesté du parti en France, sa maison devint un centre d'action, et du cabinet du président du Comité de comptabilité, partirent les mots d'ordre et les instructions pour les départements. Sans cesse en relations avec le souverain déchu, il le tenait au courant de l'état des esprits et des fluctuations de l'opinion publique. Ses fréquents voyages en Angleterre lui permettaient, en même temps de travailler avec son ancien maître et de préparer, des matériaux et des justifications pour l'histoire.

On a reproché souvent à M. Rouher, durant cette période, une inertie que ses amis intimes ont pu prendre pour du recueillement, mais que la majeure partie des impérialistes jugeait avec plus de sévérité. Pour organiser, concentrer et conduire l'armée impériale à l'assaut de la République, il fallait un homme d'avenir et sachant mesurer son rôle aux perspectives de son ambition. M. Rouher n'était que l'homme du passé et le passé l'a paralysé. Des anciens jours, il avait conservé un amour excessif de domination. Il aimait peu ce qui ne venait pas ou ne s'inspirait pas de lui, et n'avait aucun goût pour l'initiative des autres et pour les dévouements indépendants : n'estimant et ne favorisant que le dévouement servile. C'étaient là les côtés mesquins de son caractère, qui furent, assure-t-on, fatals à son parti. — Quiconque l'eût aperçu pour la première fois, en 1878, l'aurait mal jugé. Ces dernières années avaient pesé sur sa tête comme une chape de plomb. A contempler, sommeillant, affaissé sur son banc, au Parlement de Versailles, ce vieillard avant l'âge, l'œil éteint, les joues boursouflées, le sourire mélancolique, qui eût reconnu l'ancien leader de l'Empire au geste triomphant, au front hautain, au regard ardent, descendant lentement l'escalier du Corps législatif, entouré de son cortège de flatteurs jeunes et vieux? Mais, si le corps alourdi avait subi les atteintes de l'âge et de la fortune, l'esprit était demeuré aussi vif, et que de fois il éblouit et stupéfia ses auditeurs de la rue du Cirque!

Impossible de rencontrer, dans un ancien homme d'État, une science aussi vaste, une parole plus large et plus sûre. Au dehors, ce prodigieux développement de facultés eût fait sensation; mais ces admirables discours ne dépassaient pas les quatre murs de son salon. Que d'occasions perdues, que de talent inutile ou plutôt inutilisé !

Ce qui, dans ces derniers temps, inspirait à la République le plus d'inquiétude, c'était la discipline des bonapartistes. Le vice-empereur, en effet, était parvenu, non sans lutte et non sans conteste, à réunir en un seul faisceau les forces du parti. Bon gré mal gré, on avait fini par subir son ascendant, et, tout en maugréant contre son autorité chagrine, chacun s'était soumis, et les plus humbles comme les plus importants avaient sincèrement abdiqué devant lui. Le Prince Impérial lui-même offrait un noble exemple de soumission et d'obéissance, et, sauf la fatale résolution qui lui fit quitter l'Angleterre, il avait jusqu'alors suivi religieusement les avis du ministre et de l'ami de son père.

Il y a quelques années, d'autres amis de l'Empereur, aussi dévoués, plus intimes peut-être, avaient proposé pour l'héritier un autre plan d'éducation. Ses études terminées, ils pensaient, non sans raison, que de longs voyages à travers l'Europe seraient plus profitables au jeune Prince que le séjour de Londres, dans une école militaire.

L'avis de M. Rouher prévalut. Malgré ses préférences, le fils de Napoléon III s'inclina : le cadet de Woolwich ne quitta l'Angleterre que le jour de son départ pour le Cap !

En regard de l'acte mortuaire du grand ministre décédé à Paris le 3 février 1884, où sont relatés tous les titres et dignités dont il fut revêtu, nous croyons intéressant de reproduire l'humble acte de naissance du fils du petit avoué de Riom. Ceci peut servir d'enseignement et montrer que, sous les monarchies, les plus hautes intelligences et les grands talents ne restent point ignorés et sans récompense.

« L'an 1814 et le 30 novembre, à cinq heures du soir, par devant nous, Joseph Boudet, ancien juge, premier adjoint de la ville de Riom, faisant fonctions d'officier de l'état-civil,

» A comparu, en l'hôtel de la mairie, M. Pierre Rouher, avoué au tribunal de première instance de cette ville, y demeurant, rue des *Trois-Hautbois*, lequel nous a présenté un enfant du sexe masculin, né aujourd'hui, à cinq heures du matin, de lui déclarant et de dame Marie Boutarel, son épouse, et auquel il a donné le prénom d'*Eugène*.

» Le tout en présence de M. Claude Boutarel, âgé de soixante-deux ans, propriétaire, cousin, — et de Louis Artonne, âgé de quarante-quatre ans, secrétaire de la mairie, non parent, tous deux habitant à Riom. — Ont signé les comparants. »

La maison où est né l'illustre homme d'État n'a qu'un seul étage : elle est petite, — noire comme toutes les maisons de Riom, bâties en lave de Volvic. La rue des *Trois-Hautbois* est devenue successivement rue *Desaix*; puis rue *Eugène-Rouher*, sous l'Empire.

Nous avons parlé plus haut, de l'ingratitude de la population de Riom, et des procédés odieux du conseil municipal républicain de la ville natale du vice-empereur.

Les compatriotes de l'ancien ministre, jugeant sans doute qu'un homme tel que M. Rouher pouvait encore leur être utile, s'honorèrent en envoyant siéger à la Chambre républicaine le grand avocat de Napoléon III.

Quant à la petite maison, berceau de la famille Rouher, elle n'appartient plus à cette famille. On prête cependant à mademoiselle Rouher, fille aînée du ministre, l'intenion d'acquérir cette humble demeure, devenue à jamais historique.

M. Rouher n'a laissé que deux filles.

L'une, femme d'une rare intelligence, refusa tous les partis, afin de rester auprès de son père, avec lequel elle avait beaucoup de ressemblance.

L'autre a épousé, il y a plusieurs années, un américain M. Samuel Welles, qui obtint la nationalité française, en prenant le nom et le titre du marquis de La Valette, second mari de sa mère.

LA PRINCESSE CLOTILDE

ET

LA COUR DE MONCALIÉRI.

Paris, novembre 1880.

Rome, depuis 1870, est la capitale nominative du nouveau royaume, le siège officiel du gouvernement italien. Toutefois, les anciennes capitales n'ont pas encore tout à fait abdiqué, et ce n'est pas sans un regret amer du passé, sans une pensée secrète de retour qu'elles ont accepté le rang de villes de province. Naples, quoi qu'on fasse, avec ses quatre cent cinquante mille habitants, sera toujours la capitale de l'Italie méridionale ; Florence se considère comme la Mecque artistique, et les Milanais, je ne sais trop pourquoi, n'ont cessé de désigner leur ville sous le nom de la capitale morale d'Italie.

Turin, chose étrange, depuis son découronnement

traverse une ère de prospérité. C'est, aujourd'hui, la ville militaire par excellence ; les arsenaux, les casernes, les approvisionnements, les écoles de toute l'Italie y sont concentrées. De plus, l'industrie a transformé totalement la vieille cité piémontaise, et sa population s'est accrue dans des proportions prodigieuses.

Ce n'est pas tout : Turin est demeuré et restera le siége véritable, l'asile, le centre de la maison royale de Savoie. Tous les princes et princesses de la famille de Victor-Emmanuel sont fixés à Turin ou aux environs, et l'on remarque que le roi Humbert, depuis quelque temps, multiplie ses voyages dans l'ex-capitale de ses aïeux. Quant à la reine Marguerite, elle a choisi sa résidence fixe d'été dans la vallée d'Aoste, au milieu de ses bonnes populations si dévouées et si fidèles au culte de ses rois.

Enfin, la fille aînée de Victor-Emmanuel, la princesse Clotilde Napoléon[1], celles que certains Italiens

---

1. Clotilde-Marie-Thérèse-Louise, née à Turin le 2 mars 1843 et mariée le 30 janvier 1859 au prince Joseph-Paul-Napoléon Bonaparte, est la fille aînée de Victor-Emmanuel, roi de Piémont, puis roi d'Italie, né en 1820, mort en 1878, et de Marie-Adélaïde-Françoise-Élisabeth-Clotilde, archiduchesse d'Autriche, morte en 1855 à Turin.

De son mariage avec le prince Napoléon sont nés trois enfants, deux fils : Napoléon-Victor-Jérôme-Frédéric, né le 18 juillet 1862 ; Napoléon-Louis-Joseph-Jérôme, né le 16 juillet 1864 ; et une fille : Marie-Lœtitia-Eugénie-Catherine-Adélaïde, née le 20 décembre 1866.

pressés appellent très prématurément l'*Impératrice*, est établie à Moncalieri.

Le vieux château de Moncalieri, situé sur une éminence, domine la petite ville de ce nom, qui s'étend au bord du Pô, à quatre kilomètres de Turin. On y accède par une longue rampe ombragée qui sert d'avenue.

L'appartement de la princesse Clotilde, situé dans une aile du palais, a été transformé, par l'ordre de la fille de Victor-Emmanuel, en une vraie cellule de religieuse : un petit lit de fer, deux chaises, une table, un prie-Dieu. Chaque matin, avant l'aube, la royale recluse, escortée d'un serviteur, portant une lanterne, sort du palais et va entendre l'office de matines à la chapelle des Carmélites de Moncalieri. Ses journées se passent à soigner quelques malades et les vieillards infirmes qui habitent l'extrémité du palais. Avant que le roi Humbert eût offert à sa sœur bien-aimée l'hospitalité du château de Moncalieri, une partie de la résidence royale était affectée aux anciens serviteurs infirmes de la famille royale. La Princesse n'a pas voulu que cette charitable affectation fût changée, et c'est la pieuse châtelaine elle-même qui reçoit le dernier soupir des vieux domestiques de la maison de Savoie.

C'est dans cette immense citadelle transformée en palais par Charles-Emmanuel Ier et la duchesse Christine de France, en 1630, que vit, dans une profonde retraite, cette sainte et noble princesse, petite-fille, fille et sœur de roi.

Marie-Clotilde de Savoie, épouse du prince Napoléon Bonaparte, est certainement une des physionomies les plus pures de notre temps. Elle est entourée, en Piémont et à Turin, de l'adoration et du respect de tous, et sa vie austère s'écoule dans la solitude, la prière et les bonnes œuvres.

De la splendeur passée de Paris, de sa cour du Palais-Royal, la princesse Clotilde n'a conservé qu'une dame d'honneur, la baronne B..., qui vit auprès d'elle et ne l'a jamais quittée. Singulier contraste! la baronne B..., bien que fort âgée, a gardé l'entrain de la jeunesse, la vivacité et la grâce d'une Parisienne; son seul dévouement à la Princesse lui fait supporter gaiement l'isolement et les habitudes rigides de Moncalieri. Après avoir traversé les longues galeries désertes du palais, qui donnent à la résidence royale l'aspect d'un cloître, rien de plus bizarre que de pénétrer dans les appartements de la dame d'honneur de la princesse Clotilde ; tout à coup, on se trouve transporté dans la demeure d'une élégante parisienne, au milieu d'un luxe confortable et des mille futilités dont s'entoure une femme à la mode. Là, les tables chargées de fleurs, d'objets d'art, de gracieux souvenirs, les coussins d'Orient, les tapis moelleux, les meubles coquets, tout jusqu'aux albums, livres et journaux étalés sur les guéridons, et en particulier la conversation et l'enjouement de la dame du logis, rappellent le boulevard Malesherbes, beaucoup plus qu'une citadelle royale de la maison de Savoie. Des immenses fenêtres qui s'ouvrent sur la vallée du Pô et la chaîne des Alpes, on s'aperçoit seulement que Paris est très loin. Quant à la baronne, insensible à ce magnifique panorama, elle répète avec mélancolie : « Ah! si au moins je pouvais, d'ici, voir passer les omnibus et les équipages allant au Bois[1]. »

Le roi, qui a pour sa sœur une profonde affection, vient la voir aussi souvent qu'il le peut. La princesse reçoit également, chaque année, la visite de ses deux fils qui lui sont amenés par leur père à la saison des vacances. Ces jeunes gens, faut-il en être surpris? ont un véritable culte pour leur mère. Quant au prince Napoléon, il se borne à déposer ses fils à

---

1. La Baronne B. devenue infirme, a dû quitter en 1883 la princesse Clotilde.

6.

Moncalieri et repart le lendemain de son arrivée.

Rien de plus touchant, nous disait-on, que de voir cette auguste et sainte femme entourée de ses enfants. Sa fille, la princesse Marie-Lœtitia, n'a jamais quitté sa mère. C'est une enfant d'une rare intelligence, spirituelle et vive, dont la physionomie rappelle beaucoup celle de sa tante, la princesse Mathilde. Les princes Victor et Charles, sont grands et de taille élégante. Le premier tient davantage de son grand-père maternel, le roi Victor-Emmanuel; le second a le masque des Bonaparte, et sa ressemblance avec le premier Consul est frappante. On nous racontait qu'un jour, le lendemain de leur arrivée à Moncalieri, les deux jeunes princes debout, entouraient leur mère de leurs bras et la couvraient de caresses! « Et moi, disait, en les regardant, la jeune princesse, on m'oublie donc, je n'ai plus rien! — Tais-toi, jalouse, reprirent les deux grands frères; comment te plaindre, toi! N'as-tu pas toute l'année pour l'embrasser? »

Au mois d'août 1880, moment où le prince Napoléon conduisit ses fils en Italie, son beau-frère le roi Humbert se trouvait précisément aux environs de Turin, dans la vallée d'Aoste, auprès de la reine Marguerite. Le père et ses fils allèrent saluer Leurs

Majestés. à Bielle, où avait lieu une cérémonie. La presse italienne a fait cette remarque que, depuis le jour où la mort du Prince Impérial a assigné au prince Napoléon le premier rang dans la famille impériale, le roi d'Italie a soin de rendre à son beau-frère et à ses neveux, lorsqu'ils viennent le visiter, les honneurs royaux. Les fils de la princesse Clotilde, rentrés à Moncalieri auprès de leur mère, lui racontaient les détails de la réception qui leur avait été faite à Bielle.

— C'est la première fois que pareils hommages nous sont rendus, dit l'un d'eux; nous ne sommes point habitués, à Paris, à ces choses, et, en vérité, maman, ce n'est point désagréable !

La sainte femme, se prit tristement à sourire.

— Ah ! mes pauvres enfants, de grâce, je vous en supplie, hâtez-vous d'oublier tout cela !

En Italie, et principalement dans les anciennes provinces de la Lombardie et de la Vénétie, il ne faudrait point se le dissimuler, le souvenir des deux Napoléon est resté très vivant. Sans doute la personne du gendre de Victor-Emmanuel n'y est-elle pas plus sympathique qu'elle ne l'est en France ; toutefois, de hauts personnages de Turin ne m'ont point dissimulé qu'une restauration impériale dans la personne du prince Victor, petit neveu d'un empereur de race italienne, fils d'une princesse de Savoie, serait partout acclamée en Italie, ajoutant que, pour la maison royale, ce serait une gloire et pour la nation une garantie et une force.

Cette opinion, qui a cours en Italie est, à notre sens, légèrement erronée et nous croyons fermement que la restauration de la maison de France assoirait la paix en Europe sur des bases autrement solides qu'un retour à une dynastie de race italienne.

Bien que les deux fils du prince Napoléon ne cessent de témoigner à leur père les sentiments les plus respectueux, il nous a été dit, à Turin même, qu'ils étaient loin de partager ses opinions. — Une personne, invitée à dîner chez l'Altesse rouge, à l'avenue Montaigne, et se trouvant placée à table auprès du prince Victor, aurait raconté que la conversation avait roulé sur la politique et sur la religion. Le Prince Napoléon avait, selon son habitude, soutenu les thèses les plus violentes et les plus radicales. — Le prince Victor, ayant cru remarquer que son voisin de table avait gardé, pendant le repas, un silence peu approbateur, s'approcha de lui, dans le salon, et lui dit ces mots :

— Le respect m'interdit, comme vous le pensez,

Monsieur, d'intervenir dans la conversation et de contredire mon père. Seulement je tiens à vous dire qu'aucune des idées qui ont été émises devant vous ne sont les miennes. Malheureusement tous les amis de mon père ne sont pas les miens!

Pour revenir à la *Sachette* de Moncalieri, rappelons un souvenir d'autrefois qui prouve que, si l'austère princesse a fait vœu d'humilité, de pauvreté et de prière, elle n'a garde d'oublier la noblesse du sang qui coule dans ses veines. — C'était en 1858, au lendemain du mariage du prince Napoléon, peu de jours après l'arrivée à Paris du couple princier. Les Tuileries étaient en fête et le souverain, très fier de cette haute et politique alliance, qui faisait entrer dans l'antique maison de Savoie son parent le plus proche, avait choisi l'occasion d'un grand dîner pour présenter le corps diplomatique et les premiers personnages de l'Empire à sa noble cousine.

L'Impératrice, dans sa naïve et excessive bonté, s'empressa d'aller, dans le premier salon, au-devant de la jeune princesse. Là, après avoir inspecté, en connaisseur consommé, la toilette et les parures de la nouvelle mariée, lui prenant les mains avec une onction et une tendresse ultra-maternelle :

— Allons! ma chère enfant, vous voilà tout à fait

belle! Sans doute n'êtes-vous pas habituée à toutes ces grandes réceptions; mais soyez brave, n'ayez pas peur, tout se passera à merveille!

La jeune princesse connaissait à peine l'Impératrice; aussi se méprit-elle sur la nature du sentiment qui avait dicté à l'excellente souveraine ces recommandations un peu maladroites :

— Oh! rassurez-vous, répondit modestement la princesse Clotilde; soyez sans nulle crainte, Madame, je suis née dans un palais!

L'impératrice Eugénie se mordit les lèvres, mais ne garda jamais rancune à sa cousine de cette petite leçon.

LE COMTE DE CHAMBORD

LE COMTE DE PARIS.

Paris, 14 octobre 1877[1].

Il serait bien temps de faire cesser les doutes que nos adversaires propagent et de dire une bonne fois la vérité sur les prétendus dissentiments qui divisent la branche cadette et la branche aînée des Bourbons.

Voici, à ce propos, d'intéressants détails qui démontrent victorieusement que M. le comte de Paris est bien l'unique héritier de M. le comte de Chambord.

Je les tiens du docteur X..., le vieux médecin du

---

[1]. Ces notes qui devaient, à l'origine, rester confidentielles, ont été, en raison de certains événements, publiées en parti dans *le Figaro*, en 1881. Elles ont été reproduites plus tard dans l'ouvrage si curieux et si impartial de M. Henri de Pène : *Henri de France*.

comte de Chambord. Pendant vingt ans, M. X... n'a cessé de remplir auprès du Prince ces délicates fonctions, l'accompagnant partout, à Venise, à Vienne, à Frohsdorf. Il a voué naturellement à son royal maître et client un véritable culte, est-il besoin de le dire? Le médecin particulier d'un prince ne tarde pas, en effet, à devenir bientôt l'ami, le confident le plus dévoué et le plus sûr.

C'est ce qui échut à l'excellent M. X... Placé dans l'intimité et la familiarité du Prince, en dehors de toute intrigue et de toute influence politique, le docteur a reçu plus d'une fois les épanchements de l'hôte de Frohsdorf. Le soir, au coin du feu, les pieds sur les chenêts, enveloppé de sa vaste robe de chambre, le Prince aimait à questionner son docteur et à deviser avec lui sur toutes choses. Celui-ci, avec une franchise absolue et sans déguisement, répondait à son interlocuteur, et, plus d'une fois, ainsi, la vérité vraie est parvenue au Prince par l'entremise d'un de ses plus humbles serviteurs.

« Un soir que nous étions seuls, me contait dernièrement le docteur, Sa Majesté me parla longuement de ses cousins d'Orléans, et, prenant chacun d'eux en particulier, porta sur tous un jugement si juste, si vif, si profond, que j'en fus frappé. Il me parla surtout de M. le comte de Paris et de M. le duc de Chartres, et entra dans les détails les plus précis sur l'entrevue du 5 août.

» — C'est l'émotion la plus grande que j'aie ressentie dans ma vie, me dit le Prince, et, lorsque je suis venu recevoir, sur le perron de ma demeure, le chef de la famille d'Orléans, vous auriez été effrayé, cher docteur, en comptant les battements de ma poitrine. Lorsque j'eus interrompu le comte de Paris au milieu de la phrase réglée d'avance et qu'avec une loyale insistance, il voulut prononcer jusqu'au bout, mon premier mouvement fut de remercier Dieu de m'avoir permis de vivre jusqu'à ce jour. Je l'attirai dans mes bras et le tins longtemps serré sur mon cœur. Ah ! vraiment, les larmes que tous deux nous avons versées dans ce moment solennel étaient bien douces et ont effacé bien des douleurs. Vous vous souvenez de cette matinée ! Mon âme débordait de joie comme celle d'un père qui retrouve ses enfants ; je ne cessai de les regarder tous deux, le duc de Chartres et lui, de les admirer ; je sentais si bien qu'ils étaient de notre sang, de la famille, j'étais fier d'eux comme s'ils eussent été mes fils. Notre conversation eut de suite ce laisser aller, ce décousu, cette volubilité que l'on remarque chez des amis intimes qui depuis longtemps ne se sont point vus et dont le cœur et l'esprit ont soif d'épanchement. Tous mes chagrins, toutes les tortures de l'exil furent oubliés. Ces deux jeunes gens étaient pour moi, à la fois, la patrie, la famille, l'avenir. Quelle intimité pleine d'abandon, quelle gaieté cordiale! Je me souviens encore des plaisanteries de Madame et du prince de Joinville sur leur commune infirmité. Que de projets avons-nous faits ce soir-là! Nous aussi, comme tant d'autres, bâtissions des châteaux en Espagne!

» Le prince, continua le docteur, laissa échapper, certain jour, un mot grave et d'une haute portée, au sujet du duc d'Aumale. M. le duc d'Aumale est le seul, je crois, des fils de Louis-Philippe, qui n'ait point visité, dit-on, M. le comte de Chambord. Quelqu'un se permettant, un jour, d'en faire l'observation au prince.

» — On a cherché souvent, répondit celui-ci, à me faire remarquer cette abstention. Je n'y attache point d'importance; lorsque M. le comte de Paris est venu à moi, c'était après un conseil de famille. Il est venu, comme chef de maison, au nom de tous sans exception, sans restriction aucune. Je professe une grande estime pour M. le duc d'Aumale. On m'a dit que, sur plus d'un point, nous différions; je respecte son indépendance comme il respecte mes idées. Et puis Dieu seul dispose et décide ! Qui sait si, un jour, M. le duc d'Aumale ne sera pas utile à toute la famille ? »

Ces paroles me frappèrent tellement, que je priai le docteur de les répéter. Elles sont textuelles.

Un autre récit du médecin du comte de Chambord me parut si intéressant, que, peu de jours après l'avoir entendu, je me permis de le répéter à M. le comte de Paris, qu'il visait personnellement.

L'aîné des Bourbons, d'après le sentiment de tous ceux qui l'ont approché, est doué d'une haute intelligence et d'un esprit essentiellement français et prompt à la répartie. Ces qualités frappent quiconque est admis en sa présence, mais le côté tendre de sa nature échappe naturellement aux visiteurs et aux personnages politiques qui font le pélerinage de Frohsdorf.

Or, voici une confidence bien curieuse et bien importante, qui peut donner une idée de ce que serait la famille royale de France, si Dieu permettait jamais son retour aux Tuileries.

Ceci se passait pendant une soirée de l'automne 1875.

Le comte de Chambord, souffrant depuis plusieurs

jours, gardait la chambre, et, seul, son vieux médecin était auprès de lui. Le prince, taciturne et sombre contre son habitude, avait les yeux fixés sur les tisons du foyer, lorsque, tout à coup, rompant le silence :

— Savez-vous à quoi je pense, docteur, en ce moment? Je songe à mon isolement en ce monde, à notre intérieur froid et désert. Les années commencent à peser sur nous; Madame et moi, sans nous le dire, sentons plus que jamais le vide de la maison et de la vie sans enfants. — L'avenir échappe à tous et j'ignore celui qui nous est réservé ! mais, tout à l'heure, je me voyais en France, ramené par je ne sais quels événements. J'étais remonté sur le trône... Or savez-vous quelle était alors ma première pensée, le premier soin qui me préoccupait? — C'était d'aller au comte de Paris et de lui adresser une unique prière en le suppliant de ne point me la refuser! Je lui demandais de venir habiter avec moi. Je voulais que ma maison fût la sienne, que le même toit nous abritât tous les deux. Ainsi il était constamment auprès de moi: notre table devenait commune, et, pour la première fois, je jouissais de cette étroite intimité de famille qu'il m'a été interdit de connaître. Hélas! c'était un bien beau rêve! Nous ne nous quittions plus; nos idées, nos vues, nos projets, tout était en commun. — Ce n'était plus seulement l'héritier : avec lui, je retrouvais un fils, une fille aimée, de chers petits enfants. Que de précieux avantages devaient résulter pour notre France de cette communauté de vie! Nulle décision n'était prise sans avoir été mûrie et concertée par nous deux. Nulle influence ne s'interposant entre lui et moi, que de grandes choses nous pouvions tenter, que de blessures à panser dans notre pauvre France, que de bien facilité par un tel accord! — Ah! cher docteur, pourquoi n'est-ce qu'un rêve!

Lorsque je reportai à M. le comte de Paris, aussi fidèlement qu'il me fut possible, les touchantes paroles du chef de sa famille, je compris, à l'émotion profonde de l'héritier du trône, combien les âmes des deux princes étaient faites pour se comprendre et je ne désespérai point de l'avenir.

PIÈCES JUSTIFICATIVES.

Après avoir fait imprimer à dix exemplaires les feuillets qu'on vient de lire, je m'empressai d'en faire parvenir une épreuve à M. le comte de Paris, pensant que mon devoir était de soumettre cet écrit au chef de la famille d'Orléans.

Voici un fragment de la réponse du prince qui s'était mépris sur mes intentions. Je n'avais, en effet, nul désir, alors, de publier ces notes.

Château d'Eu, 25 octobre 1877.

Mon cher comte,

. . . .

J'ai reçu l'épreuve d'une brochure que vous vous proposez de publier. A vous dire vrai, il me semble que le public a été accablé par tant de professions de foi, de lettres, de réponses, de manifestations, etc., que les meilleures choses se présentant sous forme d'imprimé risquent de passer inaperçues.

Veuillez me croire votre affectionné

LOUIS-PHILIPPE-D'ORLÉANS.

Après avoir reçu la lettre ci-dessus, la pensée me vint aussitôt d'adresser ces mêmes feuillets à M. le comte de Chambord. Mon but était, non pas de contrôler les récits du docteur X..., de la véracité duquel je n'avais jamais douté, mais de savoir si sa mémoire avait été fidèle et si la substance des faits si importants, relatés dans cette conversation, était exacte.

Le 20 novembre 1877, le comte de Blacas voulut bien me faire remettre la lettre suivante en mains propres :

Le comte de Blacas au comte d'Ideville.

Monsieur,

Je suis chargé par M. le comte de Chambord, de vous accuser réception de votre lettre, de la petite brochure qui l'accompagnait, et de vous en remercier.

Monseigneur a été extrêmement sensible aux hommages dont vous lui avez fait parvenir l'expression, et a fort apprécié la profession de foi monarchique qui ressort de chaque ligne de votre écrit et que vous formulez, d'ailleurs, en termes exprès.

Vous rendez complète justice, Monsieur, à ses sentiments au sujet de l'union de la Maison de France qu'il a toujours désirée, qu'il a accueillie avec joie, et sur laquelle il n'a cessé de compter depuis le mois d'août 1873.

Les inexactitudes de détail qui peuvent se trouver dans le récit par lequel se termine votre opuscule, ne portent pas *sur la réalité du fait qui est et reste vrai*[1].

Agréez, monsieur le comte, la parfaite assurance de la considération bien distinguée de votre... etc.

Le comte de BLACAS.

Copie de la lettre du comte de Blacas fut transmise par moi à Monseigneur le comte de Paris, qui répondit par les mots suivants :

Château d'Eu, 1er décembre 1877.

Mon cher comte,

Je vous remercie de la communication que vous

---

[1]. Cette affirmation de M. le comte de Chambord qui, après avoir lu les notes intimes ci-dessus, non seulement ne s'inscrivait pas en faux contre leur teneur, mais daignait me faire remercier de cette communication par le premier de ses gentilshommes, est caractéristique et concluante.

« La lettre que vous a écrite M. de Blacas, en 1877, dictée par M. le comte de Chambord, nous disait dernièrement un haut personnage, est la réponse la plus péremptoire qui puisse être faite aux ridicules et misérables inventions mises en avant en 1884 pour dénaturer les sentiments et les relations qui unissaient si étroitement M. le comte de Chambord à son héritier M. le comte de Paris. »

me faites de la lettre de M. de Blacas, et j'y vois une nouvelle preuve de sentiments dont je n'ai, d'ailleurs, jamais douté.

Les dernières élections ont prouvé que, malgré la défaveur qui devait naturellement suivre l'échec de la campagne monarchique en 1873, les monarchistes ont sur le corps électoral plus de crédit aujourd'hui que les bonapartistes. C'est un symptôme encourageant pour l'avenir, quoiqu'il ne faille pas l'exagérer à l'heure actuelle.

Veuillez, etc.

LOUIS-PHILIPPE D'ORLÉANS.

M. THIERS ET SES PRINCES.

PETITE SCÈNE D'HISTOIRE.

Ceci se passait en 1872. L'Assemblée siégeait à Versailles et M. Thiers présidait la République. Le petit homme, ayant enfin atteint son but, gouvernait paisiblement la France. Innocent de nos désastres, ressuscité, en quelque sorte, pour panser nos blessures, il triomphait sournoisement dans sa gloire immaculée.

Muets, dociles, abîmés dans leur admiration et leur reconnaissance, les naïfs membres de la Chambre (la plus monarchique qui ait jamais existé et qui sera jamais) venaient de hisser sur le pavois le malin bonhomme, cette incarnation si réussie de l'égoïsme révolutionnaire, de l'outrecuidance bourgeoise, de la faconde et de l'audace marseillaise, celui enfin que le vieux maréchal Soult avait impertinemment baptisé « Foutriquet » !

Sacré libérateur du territoire, lui seul, entendez-vous, lui seul, avait bien mérité de la patrie. C'était de son propre sang à lui, de son or, de ses économies, que la France avait payé la rançon prussienne; seules les admirables combinaisons émanées de son génie universel avaient délivré la terre française.

Aussi, avec quelle componction, avec quel orgueil s'épanouissait son importance, au milieu de son entourage et de ses flatteurs! Avec quelle complaisance il disait : « mes ministres, mes généraux, mes ambassadeurs ! »

Maître Thiers, ne l'oublions pas, était, à cette époque, l'idole indispensable, le fétiche obligatoire du peuple français. — Qui parlait de Gambetta, ce fou furieux? Personne! Et cependant, en 1872, après la défense nationale et la guerre à outrance, le Génois avait déjà donné les preuves éclatantes de ce patriotisme légendaire qui devait, dix ans plus tard, être bruyamment exhumé pour les circonstances!

Bref, M. Thiers était le héros du moment, le chef indiscuté, admiré, obéi, depuis Dunkerque jusqu'à Perpignan. C'est ainsi que l'ex-président du conseil du roi Louis-Philippe, l'ami si dévoué, si fidèle de son « vieux roi » avait, au milieu de nos désastres, trouvé l'occasion de réaliser les désirs les plus ardents, les vœux les plus secrets de son cœur.

Sans être le Roi, il était au sommet; sans porter la couronne, il disposait des armées et des peuples; sans brandir le sceptre, il détenait dans ses mains la France entière, frémissante et satisfaite, et, chaque matin, il lui était loisible de malmener plaisamment les ministres et de tirer l'oreille à ses généraux, à l'instar de Napoléon Ier!

Les temps devenus plus calmes, il avait bien fallu, bon gré mal gré, que M. le Président subît la rentrée, non seulement en France, mais au Parlement, des fils exilés de son roi. Nos pauvres princes députés, nos seigneurs d'Aumale et de Joinville occupaient, bien modestement, hélas! leur place dans le Théâtre-Assemblée de Versailles. Alors, moins encore qu'aujourd'hui, songeaient-ils à révolutionner la France! Toutefois, le retour, dans la patrie, de cette belle famille royale, si patriote, si unie, si compacte, n'avait pas été sans jeter quelque trouble et quelque inquiétude dans l'âme de M. Thiers. Il ne tarda pas à constater que la joie de se retrouver en France occupait seule l'esprit des princes, et que leur unique ambition était de vivre paisiblement au milieu de nous. Tout à fait rassuré, le Président de la République ne craignit point d'étendre, sur toute la famille royale, sa généreuse bienveillance, et, pour bien témoigner à M. le duc d'Aumale, qui passait alors pour le personnage le plus important de la maison d'Orléans, qu'il ne lui gardait aucune rancune,... il daigna accepter, lui, chef de l'État, une invitation à dîner à l'hôtel du faubourg Saint-Honoré.

Ce magnifique hôtel, situé au n° 129, dans le faubourg Saint-Honoré, venait d'être acheté à la famille Fould par M. le duc d'Aumale. Le prince habitait les appartements du rez-de-chaussée, le premier étage étant réservé par lui à son neveu M. le comte de Paris et à sa famille. Cette résidence princière, aujourd'hui démolie, a fait place à une rue nouvelle.

Bien qu'en 1872, à l'époque où se passent ces faits, l'Assemblée et le chef de l'État n'eussent point quitté Versailles, siège du gouvernement, le Palais de l'Élysée était néanmoins affecté au Président et mis à sa disposition. C'était à l'Élysée que M. Thiers, et « ses dames », madame Thiers et mademoiselle Dosne descendaient, chaque fois que la famille présidentielle quittait Versailles pour venir à Paris. Ce soir-là, comme d'habitude, M. Thiers s'était reposé quelques heures dans l'ex-résidence impériale, devenue sienne, avant de se rendre à l'invitation de son collègue le député d'Aumale.

A huit heures sonnantes, le carrosse de M. Thiers s'arrêtait devant le perron de l'hôtel. Les deux dames, superbement attifées, en descendent, couvrant presque sous les flots de leurs volants, la minuscule personne du grand homme.

La livrée royale est à son poste, les portes s'ouvrent avec fracas.

Tandis que les dames, arrêtées devant les glaces, défripent leurs toilettes, M. le Président, d'un tour de main, rajuste son toupet blanc et ses lunettes dorées.

Les princes et les princesses, rassemblés dans le grand salon, attendaient avec une certaine anxiété les hôtes illustres qui allaient honorer leur demeure. La réunion, du reste, était presque intime, toute de famille : ainsi l'avait désiré M. Thiers. Par une réserve facile à comprendre, M. le comte de Paris, chef présent de la maison d'Orléans s'était abstenu, ce soir-là, de paraître chez son oncle. Madame la princesse Clémentine faisait les honneurs de la maison.

Tous les détails qui suivent nous ont été donnés par un témoin oculaire. Peu importants peut-être pour l'histoire, ils renferment une grande leçon morale et empruntent au point de vue intime et psychologique de curieux enseignements.

Au moment où le Président de la République pénétra dans le salon, escorté de madame Thiers et de mademoiselle Dosne, M. le duc d'Aumale et la princesse Clémentine s'avancèrent au-devant d'eux. Dans son carrosse, et sous le vestibule, l'honnête M. Thiers avait dû mentalement préparer son boniment d'entrée. La rencontre, en effet, n'était pas ordinaire, et cette première visite de l'ancien ministre du roi Louis-Philippe, devenu chef d'État, chez les fils dépossédés de son souverain, avait je ne sais quoi de saisissant et de presque dramatique. Malheureusement, le vieil acteur, quelque consommé, quelque sûr de lui-même qu'il fût, perdit la mémoire et la tête.

« Madame,... Monseigneur, fit M. Thiers incliné presque à terre, en me retrouvant aujourd'hui au milieu des enfants de mon roi bien-aimé, je ne sais comment exprimer... » Tout à coup, à cet endroit, l'orateur s'arrête, troublé, et balbutie quelques mots incohérents, sans pouvoir continuer. Le compliment hypocrite du triste sire, débité de sa voix de tête, et pris à faux sur un diapason trop élevé, demeura inachevé, les sons restant étranglés dans sa gorge.

Bien que M. le Président fût un personnage peu

facile à démonter, on le vit pâlir légèrement. La situation était à la fois tragique et grotesque; l'habile comédien avait appris son rôle, mais par une sorte de châtiment logique (Dieu sans doute n'a rien à faire ici), il lui était interdit d'achever son mensonge et devant ses victimes, d'étaler impunément sa duplicité et sa trahison; ses hypocrites et impudentes protestations d'amour n'avaient pu sortir de ses lèvres paralysées.

On ne saurait s'imaginer, nous a-t-on dit, l'impression pénible, douloureuse, qui s'empara des assistants. Mais à l'embarras passager des trois Thiers, succédèrent bientôt l'aplomb et la sérénité habituelle du noble trio. Néanmoins, les péripéties de cette petite scène humiliante et vengeresse sont restées gravées d'une façon ineffaçable dans le souvenir de tous ceux qui en furent les témoins.

Pour bien comprendre ladite scène, il ne faut pas oublier la comédie cynique que venait de jouer, en ce moment même, M. Thiers, auprès de la maison de France et auprès de l'Assemblée élue par la France avec injonction de rétablir la Monarchie[1]. Son rôle

---

1. Né à Marseille le 16 avril 1797, mort à Saint-Germain le 2 septembre 1877. M. Adolphe Thiers occupera une place im-

d'escamoteur et de traître avait été si manifestement odieux et machiavélique, qu'il fallait être l'immortel Foutriquet, pour oser braver avec tant d'impudence une famille qu'il venait, sous les plus faux prétextes et dans le plus égoïste des buts, de berner et de trahir avec une insigne perfidie.

portante dans l'histoire parlementaire de France. Son esprit merveilleux, son remarquable talent d'assimilation et d'exposition, son activité prodigieuse, sa puissance de travail lui ont donné dans le maniement des affaires de son pays une place à part. — Son orgueil sans limites, son égoïsme et le mépris qu'il avait des hommes l'empêchèrent de réaliser le rêve qu'il avait conçu. Bien qu'il puisse être considéré comme le véritable fondateur de la troisième République en France, sa mémoire n'est honorée ni par les monarchistes qu'il a trahis, ni par le parti républicain qu'il a servi seulement par intérêt personnel.

VEUILLOT.

NOTES INTIMES.

Ce fut à Rome, en 1864, que je vis Veuillot pour la première fois, pendant que j'étais secrétaire de l'ambassade de France. Le grand catholique était là, il faut l'avouer, dans son élément, sur son vrai terrain, entouré de gigantesques souvenirs et des graves témoins de cette foi qu'il défendit si vaillamment. Que d'élans d'enthousiasme, que de récits curieux et que de railleries mordantes je recueillis de sa bouche, chaque fois que j'eus le bonheur de le rencontrer !

J'ai toujours éprouvé, je l'avoue, pour le talent, la personne et pour la plupart des idées de Veuillot, une sympathie singulière et une vive admiration.

Avec ses véhémences, ses haines et ses colères éloquentes, cet homme de bien, ce grand penseur, simple, droit, toujours grand, m'inspirait un respect et une sorte de terreur que les Majestés et les gloires éclatantes ne m'ont jamais inspirée.

Je n'oublierai jamais ce qu'il me dit un jour, en sortant de chez M. de Sartiges, alors ambassadeur à Rome. En quelques traits pleins d'humour, empreints d'une vérité si impitoyable que, malheureusement, je n'oserai les répéter, M. Veuillot nous fit le plus ravissant portrait, au physique et au moral, de l'envoyé français.

— Dieu me garde d'être l'ennemi de votre gouvernement! Pauvre M. de Sartiges, il ne sait donc pas que j'ai aimé son empereur comme il ne l'a jamais aimé, lui, je peux le dire, et que j'ai cru en Sa Majesté comme il n'y a jamais cru, tout serviteur archizélé qu'il se montre. C'était à l'aube de l'Empire. J'aimais l'homme pour m'avoir débarrassé de ce régime hypocrite, impuissant, de la République; je lui savais gré de son courage et de sa résolution; il semblait alors vouloir chercher une consécration, un appui dans Dieu. Voilà pourquoi je le soutenais avec tant d'ardeur. S'il eût été plus franc, s'il eût eu plus de volonté, plus d'élévation, quel rôle il avait à jouer en ce monde! La France était alors puissante.

Il l'avait entre ses mains pour la régénérer, la rajeunir. Il fallait occuper, utiliser cette fougue gauloise à de gigantesques entreprises : il devait se faire chef temporel de tous les catholiques d'Europe.

» Je rêvai pour lui un plus grand rôle que celui de Charlemagne. Il aurait pu conquérir le monde en réunissant les nationalités catholiques, et Rome et Paris seraient devenus deux pôles. — Pourquoi vouliez-vous que je fusse légitimiste, moi qui suis absolument du peuple, fils de tonnelier? Je suis catholique avant tout, au-dessus de toute autre considération. Dieu d'abord, le souverain ensuite! Or Napoléon III, qui pouvait affirmer sa volonté et faire le bien, a laissé attaquer la religion. Voilà pourquoi je l'ai abandonné. Soit par goût, soit par caprice, il recherche pour ministres et amis des hommes qui ne croient pas en Dieu : il va à sa perte. N'est-il pas logique que je sois l'adversaire de ce régime? — Tant mieux pour M. le comte de Chambord, si en lui je retrouve la foi catholique et la véritable autorité! Voilà pourquoi ce prince a aujourd'hui toutes mes préférences. »

Un jour qu'il nous parlait de M. de Persigny, auquel *l'Univers* devait sa suppression si brutale, Veuillot exprima d'une façon très saisissante la douleur que lui avait causée l'inique résolution du ministre :

— Je voulais voir l'Empereur ; ils m'en empêchèrent ; impossible de parvenir jusqu'à lui.

» Ma situation était terrible : c'était au temps où les mesures les plus arbitraires étaient dirigées contre la religion, alors que les la Valette, les Nigra riaient aux éclats, applaudissaient à tout rompre et festoyaient au Palais-Royal en injuriant le bon Dieu. Il fallait assister à ces outrages, rester muet, impassible, le bâillon à travers la bouche, ne pouvoir me défendre et résister. Figurez-vous un homme dans une cage de fer, et, devant lui, exposés, hors de sa portée, sa mère et son enfant. Là, on les outrage, on les frappe, on les tue. Voyez-vous l'homme cherchant à ronger les barreaux de sa cage, impuissant et fou. Il se roule à terre dans des cris de rage et des convulsions. Eh bien, j'ai souffert les tortures de cet homme, moi, et je ne l'oublierai jamais ! »

Ayant reçu, en 1878, à l'occasion d'un livre que j'avais adressé à Veuillot, une lettre fort cordiale du grand écrivain, j'allai, peu de temps après, chez lui, rue de Varenne. Je ne le trouvai pas ; mais le lendemain, je reçus de sa sœur Élise un mot qui me priait de venir déjeuner chez son frère. — Depuis plus d'une année, je n'avais vu M. Veuillot. Je le trouvai changé ; il venait, il est vrai, d'être gravement malade ; sa démarche était lente, pénible, sa langue un peu embarrassée. Toutefois, son esprit pétillant et caustique n'avait rien perdu de sa vivacité et de son éclat. C'était peu de temps après la mort du pape Pie IX, et je me souviens encore du magnifique parallèle qu'il traça entre le pontife qui venait de mourir et celui qu'on venait d'exalter.

Un des plus anciens rédacteurs de *l'Univers*, M. X..., déjeuna avec nous. « C'est un homme très original et très franc, m'avait dit mademoiselle Élise, que mon frère aime beaucoup, et, comme il est chargé du courrier des Chambres, à Versailles, il nous apporte les nouvelles, maintenant que mon frère va moins exactement à son journal. »

Le déjeuner fut très gai, et M. X..., qui n'avait pas toujours été fervent catholique, raconta d'une façon très pittoresque sa conversion.

La physionomie de Veuillot, comme je l'ai dit, avait beaucoup changé. Il portait toute sa barbe ; ses cheveux étaient devenus entièrement blancs. Sa ressemblance avec Victor Hugo me frappa et je me permis de le lui dire. A ces mots, mademoiselle Élise m'interrompit vivement :

— Comment, Monsieur, pouvez-vous penser de

telles choses et faire de tels rapprochements!... Mon frère, ressembler à ce méchant homme, à ce renégat! C'est une injure bien gratuite que vous lui faites.

— Tout beau, ma sœur! fit Veuillot en souriant, ne vous emportez pas. Ce que dit M. d'Ideville n'a rien d'outrageant; bien au contraire, M. Victor Hugo est infiniment mieux fait que moi.

» Il a remporté des succès féminins auxquels je n'ai jamais aspiré. — Et puis, au moral, sans doute, a-t-il fait beaucoup de mal; mais c'est un puissant esprit, un poëte admirable, un tempérament unique. Ce que j'admire le plus en lui, c'est qu'il n'a rien de vulgaire. Dans toute son œuvre, — Dieu sait combien de vers absurdes, étranges, insensés! — je vous défie d'en rencontrer un plat! Cet homme me rappelle le *gong;* frappez l'instrument, le son qui en sortira sera criard, faux peut-être, désagréable, sourd ou éclatant. Peu importe, quoi que vous fassiez, le son retentira sur de l'airain, sur du bronze! Tel est Hugo!

» Je ne l'ai vu qu'une fois dans ma vie, Hugo, reprit Veuillot; je m'en souviens toujours. Pas plus que moi, à cette époque, il ne portait la barbe. C'était en 1833, j'étais pauvre clerc d'avoué dans l'étude du frère de Casimir Delavigne. On venait de jouer *Hernani,* et nous apprîmes à l'étude que le poète distribuait à ses jeunes enthousiastes les étudiants des billets pour applaudir son œuvre et tenir tête à l'orage ; billets gratuits, bien entendu. — Nous allâmes donc, le lendemain de la première représentation, deux de mes camarades et moi, frapper à la porte de la rue Notre-Dame-des-Champs. Victor Hugo nous reçut à merveille : il remit à chacun de nous une carte de passe sur laquelle était inscrit ce mot : *Ierro*. C'est la seule fois que je l'ai vu. Le soir, ai-je besoin de le dire, nous fîmes vaillamment et avec conviction notre besogne de claqueurs ! — Depuis, il a suivi sa voie, moi la mienne : nous ne nous sommes jamais rencontrés ! »

Il y a quatre ans environ, lorsque j'entrepris d'écrire l'histoire du maréchal Bugeaud, je songeai à m'adresser à Veuillot, pour avoir sur mon héros certains renseignements. Personne mieux que lui ne pouvait me donner des détails sur les débuts du général Bugeaud au gouvernement de l'Algérie. Veuillot, en effet, l'avait accompagné pendant une partie de l'année 1841, en qualité de secrétaire, et l'avait suivi dans ses campagnes.

Ce jour-là, je trouvai le grand écrivain absorbé et plus faible que le jour où j'avais déjeuné chez lui. Le nom du maréchal Bugeaud eut d'abord le pouvoir de réveiller en lui quelques lointains souvenirs ; il essaya de ressaisir le fil de sa pensée, mais bientôt la fatigue l'envahit. « Je ne me souviens plus, fit-il péniblement. C'est trop loin. D'ailleurs, j'ai brûlé toutes mes lettres, tous les papiers de ces époques, je n'ai plus conservé que ce qui se rattache à Rome, à mes séjours dans la Ville Éternelle. Cela seul suffit. »

Sa sœur, mademoiselle Élise, s'étant levée à ce moment et ayant quitté le cabinet de son frère, nous restâmes seuls. Veuillot, après s'être assuré que la porte de la pièce était fermée, et que sa chère gardienne ne pouvait l'entendre, me parla de sa santé : « Je sors tous les jours, me dit-il, je me réchauffe au soleil, comme jadis à Rome ; mais les jambes sont vacillantes et ont de la peine à me soutenir. Ma sœur, mes amis me rassurent. Mais je n'ignore pas ce que j'ai. Dieu m'a puni, Dieu m'a frappé là, entendez-vous, monsieur d'Ideville ? », et en même temps, le grand homme touchait du doigt son front ; « là, à cette place, où[1] j'étais trop fier peut-être. C'est là, dans mon orgueil, qu'il a voulu m'atteindre, qu'il m'a humilié : et Dieu a bien fait ! »

---

1. Louis Veuillot, né en 1813, à Boynes (Loiret), mort à Paris en 1883, est un des plus grands écrivains, si ce n'est le plus grand écrivain de cette dernière partie du siècle. — Ses opinions et ses jugements ont été très discutés, même parmi les

Devant cet aveu déchirant, plein de grandeur à la fois et de résignation, prononcé à voix basse, mais avec un accent convaincu, il me sembla voir un chêne géant foudroyé par le feu du ciel, debout, retenu seulement au sol par ses puissantes racines. Je contemplai avec respect et comme avec terreur cet homme, dont l'admirable intelligence, dont le puissant cerveau avaient remué tant de pensées, assistant lui-même à l'écroulement successif de ses merveilleuses facultés, conscient de sa décrépitude ! Et, en même temps, je me figurai les tortures infinies, le supplice que devait endurer cette âme si subtile, à mesure qu'elle sentait les ténèbres l'environner.

<small>catholiques. Mais, quoi qu'il en soit, en ces temps de compromis, de défaillance, de lâcheté, de scepticisme, le grand lutteur a fait certainement à l'Église catholique plus de bien que de mal.</small>

LA COUR DE CHANTILLY.

Mercredi, 14 décembre 1881.

Par un temps brumeux de décembre, je pars, ce matin, à huit heures trois quarts, de la gare du Nord. Arrivée à Chantilly à neuf heures et demie. Je n'avais pas vu Chantilly depuis l'Empire ; il y a environ quinze ans. Le duc d'Aumale en a fait une des plus belles résidences de France, et je connais peu d'habitations princières aussi grandioses et aussi élégantes.

Ce massif de constructions de pure Renaissance, sans symétrie, mais d'une harmonie exquise, ces galeries à jour, ces logfias, ces poivrières, ces tours coiffées, cette délicieuse chapelle dominant l'ensemble, tout est d'un aspect saisissant. Le château est entouré de larges fossés remplis d'eau. Quant au paysage, il est connu du monde entier. Le fond de forêts, les pelouses immenses, les parterres dessinés par Le Nôtre rappellent les plus beaux parcs d'Angleterre. Chantilly a donné au Grand Roi l'idée de Versailles : c'est tout dire.

Son Altesse était avec M. Laugel, l'ami et secrétaire des bons et des mauvais jours, lorsque j'ai été introduit dans son cabinet. Cette pièce, éclairée par de hautes et larges fenêtres, est située dans une partie de l'ancien château. Le prince m'attendait. Il avait fait préparer sur sa table les cinq gros volumes magnifiquement reliés à ses armes qui contiennent tous les documents relatifs à ses campagnes et à son séjour en Afrique. « J'ai travaillé toute la matinée pour vous, me dit-il, et voici, marquées, quelques lettres du maréchal que vous pouvez utiliser. » Le prince les relut en partie avec moi, et voulut bien me donner, sur chacune d'elles, des commentaires fort intéressants. « Il en existe d'autres, ajouta-t-il; mais elles sont trop intimes, trop confidentielles. Le brave maréchal me parlait à cœur ouvert; sa correspondance contient, comme je vous l'ai déjà dit à Paris, des jugements trop sévères et trop passionnés sur des hommes pour lesquels j'avais du reste beaucoup d'affection, Changarnier, Lamoricière, Baraguey-d'Hilliers et tant d'autres ; cependant, vous pouvez les lire : je vais faire transporter en bas ces volumes et vous vous installerez, pour les parcourir, dans le salon des aides de camp. Nous nous reverrons à déjeuner. Quant aux lettres qui peuvent être reproduites, je les ferai copier et vous les enverrai à Paris. »

J'avais une heure à peine devant moi, et cinq gros in-folios manuscrits que j'aurais voulu dévorer, sans laisser passer une page ! Quel trésor en effet et quel régal pour un curieux ! Toutes les campagnes du général d'Aumale relatées dans leurs détails ; les minutes de ses rapports, de ses lettres, avec les réponses autographes de ses chefs, Changarnier, Lamoricière, Bugeaud, sans compter celles de ses amis et de sa famille. Je pus lire à peine quelques pages de la petite écriture fine, serrée du prince ; mais que de précieux documents pour l'histoire de France, sur la période algérienne, contenus dans ces volumes aux armes chevronnées d'Orléans !

« De tous mes papiers, m'avait dit le duc d'Aumale, ce sont les seuls que j'aie conservés ; les autres ont été brûlés ou pillés aux Tuileries en 1848. Nommé gouverneur de l'Algérie, j'avais emporté avec moi tout ce qui se rattachait à l'Afrique. C'est ainsi que j'ai pu, en m'embarquant pour l'Angleterre, sauver cette volumineuse correspondance. »

A onze heures et demie, M. Laugel vint me chercher. Nous traversâmes la petite galerie de bois qui relie le vieux château aux constructions récentes, et nous entrâmes dans les vastes et magnifiques vestibules de l'entrée principale. L'escalier, en pierre blanche, est superbe et grandiose. Tous les appartements, du reste, ont ce même aspect. Chantilly n'est point vraiment une habitation princière, c'est plutôt une résidence royale. Dans le salon où je fus introduit, et qui donne dans la salle à manger et dans la bibliothèque, se trouvaient réunis les hôtes de Son Altesse. C'étaient d'abord, le duc et la duchesse de Montpensier, la duchesse de Galiera, mon ami M. Rothan, M. Camille Rousset, de l'Institut, le comte de Villeneuve, M. Laugel, M. Clavé; puis une grande dame espagnole attachée à la duchesse infante; madame la comtesse de Clinchamp, ancienne dame de la princesse de Salerne, belle-mère du duc d'Aumale, morte il y a quelques mois, et enfin le secrétaire particulier du prince, le vieux M. Despléchin. La salle à manger est immense; c'est une longue galerie éclairée par six fenêtres sur les jardins, et revêtue de hautes et magnifiques tapisseries qui viennent d'Angleterre. Au-dessus d'une vaste cheminée, se trouve une composition fort belle, mais un peu compliquée de Baudry: un saint Hubert, entouré d'enfants, qui ne sont autres que les portraits des jeunes princes fils de M. le comte de Paris et de M. le duc de Chartres.

Madame la duchesse de Montpensier était en face de son beau-frère, faisant les honneurs de la table. Le maître de la maison avait, à sa droite, la duchesse de Galiera, et à sa gauche la dame espagnole. Je fus placé auprès du duc de Montpensier. Le prince me parla aussitôt de mon livre *les Châteaux de mon enfance (Auvergne et Bourbonnais)*, et daigna me remercier de ce que j'avais dit au sujet de son château de Randan et de la famille d'Orléans. Son Altesse revendiqua très aimablement la qualité de propriétaire auvergnat et m'entretint, en termes chaleureux, de mon pays natal, jugeant fort bien les habitants — sages, économes, très intelligents et légèrement sceptiques —. Le déjeuner, princièrement servi, était fort simple, les vins exquis. Pendant le repas, la conversation fut presque constamment générale. Le duc d'Aumale est, du reste, un conteur charmant. Il fut question de l'événement du jour, de l'incendie du *Ring-Theater* de Vienne et du procès Roustan-Rochefort, si niaisement entrepris par le cabinet. Au sujet de l'incendie, le duc rappela une célèbre catastrophe, l'incendie d'un bateau transatlantique brûlé sous ses yeux, sur les côtes d'Angleterre, en 1848, et dans lequel son frère Joinville et lui jouèrent le rôle de sauveteurs. Il narra à ce sujet des épisodes dramatiques et saisissants, négligeant naturellement de parler de lui. M. Camille Rousset, placé à la droite de madame de Montpensier, était le plus souvent l'interlocuteur du prince. L'aimable académicien m'a semblé très apprécié dans la maison.

On causa aussi peinture, et je me hasardai à prononcer le nom d'un maître que j'admire beaucoup, Courbet, dont l'œuvre était en ce moment exposée au palais des beaux-arts. Je défendis avec chaleur mon peintre, mais sans succès, je dois l'avouer. Monseigneur d'Aumale, je le regrette pour lui, ne goûta nullement ma proposition, d'accrocher dans une des grandes salles de Chantilly *le Rut de cerf* ou *la Remise des chevreuils*.

Le déjeuner terminé, on ouvrit à deux battants les larges portes qui séparent la salle où nous étions de la galerie de tableaux. Cette pièce immense, éclairée par le plafond, contient la célèbre collection du prince : c'est là que sont réunis les magnifiques tableaux qu'il possédait en Angleterre. Dans une autre partie du palais, se trouve la bibliothèque, l'une des plus belles et des plus précieuses du monde. On assure même, qu'après les bibliothèques des grandes capitales d'Europe, celle de Chantilly est en première ligne.

Selon l'habitude des collectionneurs grands et petits, le duc ne se lasse point de faire admirer à ses hôtes les splendeurs et les trésors artistiques que son goût et son intelligence, plus encore que son or, on peut le dire sans flatterie, ont entassés dans le vieux château des Condé.

Le prince semblait prendre, ce matin-là, un plaisir extrême à montrer ses tableaux les plus précieux et à en expliquer l'origine à madame la duchesse de Galiera et à M. Rothan, grand connaisseur, possesseur lui-même d'une très intéressante collection.

Lorsque la provenance ou l'attribution d'une toile lui échappait, il se retournait, en souriant, et s'adressait à madame la comtesse de Clinchamp pour lui demander le renseignement. La plupart du temps, celle-ci manquait également de mémoire, bien que son rôle de dame d'honneur lui enjoignît de tout savoir et de ne rien oublier. Placée depuis de longues années auprès de Son Altesse la princesse de Salerne, mère de madame la duchesse d'Aumale, madame de Clinchamp, après la mort de la princesse, est demeurée à Chantilly. C'est elle, en quelque sorte, qui tient la maison du prince et qui remplace, autant que possible, la mère et la fille absentes, lorsque les princesses et la famille viennent animer les somptueuses solitudes de Chantilly. Madame de Clinchamp, bonne, gracieuse et fort intelligente, est de plus, excellente écuyère; ce qui, dans une maison où le maître est veneur consommé, n'est point sans importance.

Dans la saison d'automne, le prince organise généralement, une fois ou deux par semaine, des parties de chasse. Des artistes, des hommes de lettres, des officiers, quelques sporstmen élégants composent ses réceptions hebdomadaires. Toute la maison civile et militaire se réduit au fidèle M. Laugel, au comte de Chezelles, à M. Clavé, l'habile intendant des forêts, sans compter M. Quiclet, capitaine des chasses, et M. Despléchin.

L'union des princes d'Orléans est légendaire. Rien de plus touchant, nous racontait un témoin, au temps de l'exil à Twickenham, que ces fêtes de famille, présidées par la reine Marie-Amélie, ayant en face d'elle son petit-fils M. le comte de Paris, entourée de tous ses enfants et petits-enfants. La mort a fait de nombreux vides, mais la tradition est restée.

C'est M. le duc d'Aumale, le plus riche de ses frères et sœurs, qui reçoit maintenant la famille. Aussi, sa maison hospitalière est-elle encore fort animée, lorsque les nombreux neveux et nièces du prince y sont rassemblés.

M. le prince de Joinville, chaque année, passe

plusieurs mois chez son frère. Le seigneur de Chantilly retient également auprès de lui, pendant un mois, son ancien maître et très fidèle ami, l'académicien Cuvillier-Fleury, qui abandonne sa retraite de Passy pour venir s'installer dans un pavillon du château, avec madame Cuvillier-Fleury.

« Les princes et les princesses d'Orléans sont si affables, il y a chez eux tant de cordialité et de simplicité, qu'en vérité le séjour dans cette magnifique résidence serait le plus enchanteur des rêves, — nous disait un familier de la maison, — si l'on ne sentait le ver qui ronge le cœur de ces dignes fils de France. Malgré toutes les jouissances que peuvent procurer la fortune, l'intelligence, le goût des arts et des lettres, on comprend combien l'inaction pèse à ces princes actifs, dévoués, si patriotes, et quel chagrin profond les étreint, lorsqu'ils songent en quelles mains ineptes et indignes sont remises les affaires de notre patrie! Aussi, le samedi, quand le jeune colonel de Chartres arrivait de Rouen, pour passer vingt-quatre heures à Chantilly, il faisait bon voir ses oncles l'entourer, l'accabler de questions. Pauvres princes, qui se sentaient comme revivre au contact et dans la personne de ce jeune soldat utile et occupé! »

Je ne puis dire que mes rapports avec M. le duc d'Aumale aient jamais eu le moindre caractère d'intimité; toutefois, les motifs qui m'ont permis d'obtenir de lui de fréquents entretiens l'intéressaient, je crois, d'une façon très particulière et j'en ai profité.

Tout ce qui touche, en effet, à l'Algérie et à l'armée, passionne au plus haut degré le héros de la Smala. — Je n'oublierai jamais, lorsque, pour la première fois, je vins lui parler de mes projets de publication, avec quelle joie, il relut les précieuses lettres que je lui apportai, lettres adressées au maréchal Bugeaud par le Roi, par ses frères messeigneurs d'Orléans, de Nemours, de Montpensier, de Joinville et par lui-même. Avec sa mémoire merveilleuse, il se reporta à ces époques déjà bien lointaines et m'expliqua dans quelles circonstances chacune de ces lettres avait été écrite. Je restai plus d'une heure, ce matin-là, rue du faubourg Saint-Honoré, dans le cabinet du prince, tenu sous le charme. Je ne pouvais me lasser d'écouter ces récits d'Afrique que lui-même contait avec une visible émotion.

— C'était une grande et glorieuse époque, me dit-il en finissant! je vous remercie de l'avoir évoquée. Comme je comprends que vous preniez plaisir à étudier l'histoire de notre grand maréchal!

—Hélas! les temps sont bien différents, Monseigneur, me hasardai-je à dire, enhardi par le ton de familiarité qu'avait pris la conversation. Quand je pense que, dans ce te rue, à quelques pas de vous, à l'Élysée, habite le successeur de vos ancêtres, le chef de la France, ce triste personnage qui s'appelle le président Grévy — et qu'en ce moment même, l'Algérie, qui a eu à sa tête des hommes tels que vous, le maréchal Bugeaud, l'amiral Gueydon, est gouvernée par un mauvais avocat de province, par le frère de ce même Grévy...

— Que voulez-vous ! il faut subir la fortune, répondit mélancoliquement le duc d'Aumale ; moi aussi, comme vous, monsieur d'Ideville, je suis en disponibilité.

Depuis peu de temps, un décret de M. Jules Grévy avait enlevé au duc d'Aumale ses fonctions d'inspecteur général. Dans le ton plutôt que dans les paroles du prince, j'avais cru remarquer une nuance d'amertume, une sorte de dépit contenu qui, je l'avoue sincèrement, m'avait causé une profonde satisfaction. — C'est alors que je me permis d'adresser à Son Altesse une question singulière dont l'audace n'eût pas été pardonnable, si l'intention, de ma part, n'avait été aussi pure. Malgré moi, durant ce long entretien, dans lequel ce prince si remarquable m'avait entretenu avec tant de chaleur du passé glorieux de la monarchie, je m'étais reporté aux bas-

9

sesses, aux infamies présentes du régime républicain. Je songeais que là, devant moi, se trouvait un des seuls hommes qui eût pu, il y a quelques mois, changer le cours des événements et délivrer la France de son état douloureux d'humiliation et de misère.

« Ah ! Monseigneur, de grâce, me hasardai-je à dire, pardonnez d'avance ma hardiesse, mais je ne puis retenir une pensée qui me poursuit depuis que je suis devant vous. — Lorsque, dans un demi-siècle ou dans un siècle, nos petits-enfants et nos petits-neveux étudieront les fastes de notre temps, combien d'entre eux se trouveront arrêtés par un point confus et inexplicable de l'histoire présente? Je voudrais bien savoir ce que pourront répondre les plus savants professeurs d'alors au bachelier qui leur adressera la question suivante : « Comment a-t-il pu se faire, qu'en 1880, existât en France un gouvernement républicain, avec un président soliveau, appelé Grévy, chassant Dieu des écoles, fermant les églises, expulsant les sœurs de charité des hôpitaux, des asiles; laissant insulter la France à l'étranger; désorganisant, avilissant l'armée, la magistrature, — tandis qu'en ces mêmes temps, l'une des armées de la France avait, pour généralissime, un prince de la maison de Bourbon — entre tous, le plus populaire, estimé, respecté pour sa haute intelligence, adoré pour sa bonté, son courage, maître absolu d'un grand corps d'armée, et, en outre, le plus riche seigneur de France? — Comment a-t-il pu se faire, — ajoutera, certainement, le jeune curieux de 1980, arrêté devant le mystère de ce problème insoluble, — que ce même prince entouré de tant de prestige, de tant d'autorité, se soit laissé dépouiller de son commandement, de son grade, abandonnant son pays en proie à un gouvernement si méprisable et si méprisé ! »

J'avais, tout d'un trait et avec une aisance qui ne m'est point familière, débité ma tirade. Le Prince sourit à peine et ne répondit pas. Quelques instants après, seulement, je compris la portée de ma question. Eh bien, faut-il l'avouer, je ne regrettai nullement mon indiscrétion ! J'espère, d'ailleurs, que le Prince, s'il en a conservé le souvenir, ne m'en a pas gardé rancune. Mais, de cela, je tirai cette conclusion que M. le duc d'Aumale est un grand capitaine, dédaignant absolument d'être un politique.

Je revis Son Altesse quelques mois après. L'hôtel de la rue du faubourg Saint-Honoré ne lui appartenait plus; sa résidence fixe était Chantilly. Il n'avait conservé à Paris qu'un pied-à-terre, un des petits hôtels de la rue de l'Élysée, le dernier du côté de l'avenue Gabriel. C'est là que j'eus plusieurs fois, le matin, l'honneur d'être reçu par lui. Généralement, pendant l'hiver, le Prince vient à Paris, une fois ou deux par semaine, et quitte Chantilly, le mardi, dans l'après-midi, pour assister à la représentation de la Comédie-Française. Après avoir passé la nuit rue de l'Élysée, il repart dès le matin pour Chantilly. Quant au jeudi, jour consacré à l'Académie française, le Prince le passe entièrement à Paris, nul immortel ne remplissant avec plus d'assiduité et de religion que lui ses devoirs académiques.

Pour en revenir à la matinée de Chantilly, à trois heures, lorsque chacun des hôtes du duc d'Aumale eût visité, à sa guise, les parties du château qu'il ne connaissait pas, la chapelle, les jardins, les écuries, etc., une berline et un break, attelés devant le perron, indiquèrent le signal du départ. Le prince lui-même revint à Paris avec nous, et le palais de Chantilly resta confié à la garde de madame de Clinchamp et de M. Despléchin.

LE GÉNÉRAL CHANZY.

VICE-ROI D'ALGÉRIE.

« Les années de ma vie les plus heureuses et les plus brillantes, sont celles de mon gouvernement d'Algérie, » disait encore, il y a deux mois, le général Chanzy à l'un de ses amis intimes. Le général séjourna près de six ans à Alger, comme gouverneur général, de juin 1873 au mois de février 1879. Sa nomination à ce poste, l'un des plus importants de la République, le lendemain de la chute de M. Thiers, ne laissa point que de causer un certain étonnement. En effet, le vice-amiral comte de Gueydon, auquel succédait le général, semblait par ses hautes qualités d'organisateur, d'homme de discipline, d'énergie et d'autorité, personnifier mieux que quiconque, le nouveau régime d'ordre moral réparateur, inauguré par le maréchal de Mac-Mahon.

Des raisons politiques et personnelles, paraît-il, dictèrent ce choix. Le général Chanzy, député influent, président du centre gauche, commandant d'un grand corps d'armée à Tours, portait quelque ombrage au chef de l'État, et les ministres, par mesure de prudence, crurent utile d'éloigner un général trop politique. Le maréchal, d'ailleurs, qui ne comprenait guère la portée des mesures prises, en son nom, par son ministère, avait toujours éprouvé pour le général Chanzy une admiration particulière, en raison des aptitudes qu'il enviait en lui, c'est-à-dire la compréhension prompte et la facilité de travail. Aussi fut-il enchanté de signer le décret qui confiait à Chanzy son ami le gouvernement de la seconde France.

Le lendemain du 24 mai 1873, M. Oustry, préfet républicain d'Alger, ayant adressé par télégramme sa démission au nouveau président de la République, on pourvut à son remplacement ; je fus désigné pour remplir l'emploi. En quittant Paris, j'appris que le général Chanzy avait accepté le poste de gouverneur général, et le même bateau qui m'amenait à Alger apportait à l'amiral Gueydon la nouvelle de son inexplicable disgrâce.

En moins de huit jours, j'assistai au départ d'un gouverneur général et à l'arrivée de son successeur. La population algérienne composée, comme on le sait, non point de républicains, mais d'énergumènes radicaux, désarma, chose singulière, en apprenant la nomination du général de la Défense nationale. Quant à son prédécesseur l'amiral, bête noire de la presse radicale et athée et de tous les colons véreux et braillards de la place du Gouvernement, il avait fait trop de bien à l'Algérie pour ne poin être détesté.

Le général Chanzy débarqua triomphalement le 16 juin à Alger, au milieu d'une population enthousiaste. Le général Wolff commandant la division et moi, suivis des autorités, vînmes recevoir à bord notre chef. Les troupes échelonnées sur le quai, depuis l'Amirauté jusqu'à son palais, formaient la haie. Au grondement du canon des forts et des bâtiments, le gouverneur mit pied à terre. A peine descendu du canot, revêtu de son grand uniforme, il enfourcha un superbe cheval arabe, et se rendit, au milieu des vivats, escorté de son état-major, au vieux palais du Gouvernement. « L'émotion la plus grande que j'aie éprouvée dans la journée, me dit, le soir, le nouveau gouverneur, c'est au moment où je suis entré dans ce palais, que j'avais habité jadis, étant jeune officier d'ordonnance du gouverneur général Charon. J'étais loin de songer, en 1849, que j'y reviendrais un jour comme chef de la colonie ! »

En effet, la situation de gouverneur général de l'Algérie est, sans contredit, la plus belle que puisse rêver un officier général. Ce commandement presque sans limite et sans contrôle qu'il exerce sur les indigènes, cette sorte de vice-royauté sur un territoire considérable, rappelle les pouvoirs dont sont investis, au nom de la reine de la Grande-Bretagne, les vice-rois des Indes.

Un traitement princier, deux magnifiques résidences, palais d'hiver et palais d'été, trois provinces immenses à administrer, une armée sous ses ordres, une autorité presque illimitée sur quiconque appartient à la colonie, beaucoup de bien à faire, autant de mal à réparer, tels étaient les attributions, les pouvoirs et la mission du nouveau gouverneur général.

Le général Chanzy possédait, au temps où je l'ai connu, de précieuses qualités de famille, et goûtait peu les distractions, en dehors de son intérieur. Il avait, il faut bien le dire, une prédilection pour sa fille aînée, mariée aujourd'hui à un receveur des finances.

Mademoiselle Gabrielle Chanzy était alors une ravissante jeune fille de dix-sept ans, un peu hautaine, un peu dédaigneuse. Mais chacun pardonnait ses caprices à la fille adorée du gouverneur, et admirait la gracieuse amazone, quand elle sortait, accompagnée de son père, par la porte de Bab-Azoun, précédée et suivie par une escorte de spahis aux longs burnous rouges. Les intimes du Palais assuraient que, si jamais des songes ambitieux avaient traversé l'âme du général, c'était uniquement pour l'amour des siens et pour sa fille qu'il caressait le beau rêve de l'Élysée…

J'avais connu à Rome, en 1864, le général Chanzy alors qu'il était colonel du 8e de ligne et que j'étais moi-même secrétaire de l'ambassade de France. A Alger, nos relations furent excellentes et même intimes au début. La politique nous divisa plus tard. Toutefois le gouverneur réclama mon changement, sans que nos rapports aient jamais cessé d'être courtois. Dans les premiers mois de son séjour en Algérie, le nouveau chef de la colonie put croire sincèrement que sa présence avait produit, comme par enchantement, le calme dans les esprits et un apaisement général. Il connaissait très bien le pays, pour y avoir longtemps séjourné, en qualité d'officier des bu-

9.

reaux arabes, et, plus tard, comme chef de corps. Il aimait les indigènes et avait acquis, dans leur fréquentation, cette finesse, cette pénétration si difficiles à acquérir en « terre française ». Laborieux, actif, accessible à tous, sans cesse au travail, il étudiait les affaires, avec un peu trop de minutie peut-être, et manquait de ces qualités de décision, d'initiative et d'audace qui avaient signalé l'administration si remarquable de l'amiral de Gueydon.

Quant à l'humble préfet d'Alger, dont la situation était fort mal définie, relevant à la fois du ministre de l'intérieur, tout en étant placé directement sous les ordres du gouverneur général, il ne tarda pas à subir le contre-coup de cet imbroglio. Je m'étais, dans ma candeur, inspiré religieusement des instructions données à Paris. « Ce que l'Assemblée nationale attend, avant tout, du gouvernement qu'elle a institué, disait le ministre de l'intérieur dans sa circulaire, c'est un personnel administratif inspiré par une même pensée, dirigé avec précision et se mettant ouvertement à la tête des conservateurs. L'administration doit être, à tous les degrés, la représentation fidèle de cette politique réparatrice qui seule peut raffermir un pays si cruellement éprouvé. *N'hésitez pas à dire bien haut de quel côté sont vos sympathies et vos encouragements.* Appelez à l'union tous les bons citoyens; qu'ils se fortifient par la pratique exacte des devoirs de la vie politique; ce n'est que par cette ferme conduite, et par le maintien énergique de tous les principes conservateurs, que nous pourrons constituer en France une vraie majorité de gouvernement. »

Le désordre était au comble dans l'administration du département d'Alger, à l'arrivée du général Chanzy et de son nouveau préfet. En effet, sous la présidence de M. Thiers, malgré l'énergie et le bon vouloir de M. de Gueydon, les municipalités radicales étaient entièrement maîtresses des trois provinces; les emplois, confiés à des personnages incapables et souvent indignes. Il y avait impunité depuis le 4 septembre et la commune révolutionnaire d'Alger était toujours en fonctions. — Je pris innocemment mes instructions au sérieux et stupéfiai bientôt mes administrés par des exécutions sommaires; enfin, je tentai la tâche, bouffonne en Algérie, de vouloir sincèrement nettoyer les écuries d'Augias! Le recueil de mes actes administratifs que je relisais l'autre jour, contient, à chaque page, des révocations, des suspensions de maires, des dissolutions de conseils municipaux; ce fut une véritable hécatombe! Quant aux motifs et aux considérants, hélas! ils ne laissaient rien à désirer : vols, concussions, faux, ivrognerie, etc. — Au début, le bon gouverneur souriait un peu de mes appétits de justicier; mais les réclamations affluèrent et, de Paris, ses amis lui firent savoir qu'il eût à réprimer mon beau zèle.

M. Crémieux notamment, qui l'avait remplacé comme président du centre gauche, le tenait au courant des événements de Paris. Il lui fit comprendre que l'insuffisance du maréchal comme chef d'État éclatant aux yeux de tous, et lui-même fatigué de son rôle, la Chambre songeait à lui donner pour successeur le glorieux héros de la retraite du Mans. Il fallait donc, à tout prix, éviter de faire acte d'ordre moral, afin d'être appuyé par l'universalité des groupes républicains. — Telles étaient, en substance, les informations et les instructions adressées par ses amis parlementaires, au gouverneur de l'Algérie.

Aussi, un matin que j'étais allé au palais de Mustapha, pour obtenir des poursuites contre certains personnages ayant pris part à des actes qualifiés de crimes, pendant la Commune, le général m'accueillit en souriant : « Mais, mon cher préfet, au train dont vous allez, vous dépeuplerez vite notre Algérie. Autant, mieux que vous, je suis édifié sur la moralité, sur les antécédents de notre personnel de fonctionnaires, de maires et de conseillers; mais que voulez-vous faire? Nous n'avons pas d'autres éléments sur lesquels nous puissions nous appuyer! Connaissez-vous un conservateur, vous? » Je désignai au gouverneur, nombre de citoyens fort honnêtes. — « Certainement, fit-il en haussant les épaules ; mais nous suivront-ils, ceux-là? » Je le suppliai de me laisser tenter l'expérience qui m'avait réussi, sur certains points du territoire. Impossible, cette fois, de vaincre sa résistance. — « Vous ne vous méprenez pas sur mes intentions, je l'espère, mon cher d'Ideville, fit-il; vous n'ignorez pas, qu'au fond je pense comme vous; mais je connais le pays et vous débarquez à peine! » — Le gouverneur avait raison. Le niveau du sens moral, en Algérie — affaire de climat — n'est point le même qu'ailleurs, et ce qui passe pour infamie ou déshonneur, en France, est considéré là-bas comme enfantillage ou peccadille. — « Quant à notre presse, ajouta-t-il, elle est au-dessous de tout ce qu'on peut imaginer ; je le déplore, mon cher préfet ; mais qu'y pouvons-nous ? — Il faut décréter l'état de siège, mon général ; lui seul peut arrêter ce déversement d'injures ignobles contre le Gouvernement, contre la religion, contre tout ce que nous respectons, vous et moi. — C'est impossible, mon cher préfet; je ne regrette qu'une chose, c'est que ces misérables feuilles m'aient jusqu'ici épargné, et ne s'adressent qu'à l'archevêque et à vous ! » — En effet, par suite de je ne sais quel mot d'ordre venu de Paris sans doute, le Gouverneur, bien qu'il fût aussi digne que Mgr Lavigerie et que moi de leurs outrages, était resté jusqu'alors à l'abri de toute attaque personnelle de la part des feuilles algériennes immondes.

Pendant un voyage du gouverneur en France, les habitants d'Alger crurent devoir fêter le noble anniversaire du 4 septembre par des manifestations hostiles à l'armée, par des cris et par des actes injurieux. Des soldats, des officiers furent lâchement insultés sur la place du Gouvernement et dans les cafés ; on alla jusqu'aux voies de fait.

Étant seul responsable, je n'hésitai pas à aller, moi-même, sur la place et à donner l'ordre à la troupe de faire les sommations pour dissiper les rassemblements. Des arrestations furent opérées ; la municipalité s'était abstenue, je demandai sa dissolution, que j'obtins par télégraphe. Grand émoi et stupéfaction à Alger ! Quel fonctionnaire trouble-fête, quel fou furieux ! — L'armée seule me soutint chaleureusement et sans hésiter. Je détiens par devers moi certaines lettres du général Saussier et du général Wolff, adressées au préfet, dont il est justement fier.

Malgré leur peu de gravité, ces faits nécessitèrent le retour du gouverneur. Il avait cru devoir, de Paris, flétrir les auteurs des troubles et approuver ma conduite. Mais à peine débarqué, il sentit que la popularité passablement malsaine qu'il n'avait pas assez dédaignée allait lui échapper. Il essaya, vainement, de la reconquérir en me laissant accuser d'avoir exagéré les faits, et tenta de réconcilier les partis extrêmes. Durant son séjour à Paris, il avait revu ses amis parlementaires ; la situation du Maréchal ne s'était pas sensiblement fortifiée ; aussi les fantômes du souverain pouvoir hantèrent-ils de nouveau les nuits du gouverneur général, et les conseils des avocats Crémieux et Ricard lui revinrent en mémoire. Le parti radical étant le seul parti républicain en Algérie, il s'agissait de le ménager. Or ce diable de préfet avait osé briser les vitres ! Le désavouer était difficile, puisqu'il avait défendu l'armée avec vivacité ; mais en vérité, qu'était venu faire ce fâcheux sur la place du Gouvernement ! — Dans mes entretiens avec le gouverneur, je comprenais fort bien les combats qui se livraient dans sa conscience, et lui même laissait parfois, sans le vouloir, échapper sa pensée. Il supportait la République, lui ; moi, je la haïssais cordialement. Cette nuance seule nous séparait. Il était sceptique et politique; j'étais sincère et passionné, voilà toute la différence!

Un événement qui, hélas! n'eut point de lendemain nous rapprocha en me donnant la mesure du caractère de l'homme. On se souvient de l'agitation monarchique survenue en France au mois d'octobre 1873. Peu s'en fallut que le roi ne fût couronné. Il était important de connaître les intentions et la secrète pensée d'un homme tel que le général Chanzy.

Une personne autorisée m'écrivit, à cette époque, pour m'engager à sonder mon gouverneur général, et à lui faire savoir « qu'un bâton de maréchal de France, sous la monarchie, vaut mieux qu'une présidence de la République avec les journées de Juin ».

Au moment où le courrier m'apportait cette lettre, un ami intime du gouverneur, et dans lequel j'avais une confiance absolue, se trouvait dans mon cabinet. Je lui tendis la lettre. « Voulez-vous me la confier? me dit M. X...; dans une heure, vous aurez la réponse du général. » Une heure après. M. X... me remettait la lettre. « Qu'a dit le général? demandai-je avec anxiété.... — Il a lu la lettre très lentement, l'a relue; puis, en souriant : « Dites au » préfet, » a-t-il ajouté, « que ce qu'on lui écrit est

» plein de sagesse. » Je revis le gouverneur le soir même : — « Je vous remercie de votre réponse, mon général, » lui dis-je. Il me serra la main ; je n'en demandai pas davantage.

Peu de temps après, le Gouvernement de la République ayant reçu de l'Assemblée de Versailles (octobre 1873) une consécration définitive, les chances du général Chanzy à la présidence de la République reprirent plus de consistance. Fatigué de mes réclamations incessantes au sujet de l'état de siège et à la suite d'un refus fait par moi d'une concession de terre à l'un de ses protégés, que je jugeais indigne, le gouverneur demanda mon changement dans une lettre particulière au Maréchal.

Je fus mis en disponibilité par M. le duc de Broglie : et la nouvelle m'en parvint par l'*Agence Havas*. Je ne veux point, par gloriole ou pour une justification personnelle, entrer dans d'autres détails. Mais voici un dernier trait me concernant, qui montre bien le côté un peu trop diplomatique du général Chanzy, et la préoccupation constante qu'il avait de ménager tout le monde et de ne point se créer d'ennemis.

A la nouvelle de ma disgrâce inattendue, je priai le gouverneur, — un peu traîtreusement, je l'avoue — de vouloir bien télégraphier au président du conseil, en son nom, la dépêche suivante :

» Alger, 22 décembre 1873.

» M. d'Ideville doit-il considérer la mesure dont il est l'objet comme une mesure de rigueur, une révocation, ou doit-il compter sur une préfecture en France ? *Signé :* CHANZY.

Quelques heures après, l'aide de camp du gouverneur, M. le commandant de Boisdeffre, m'apportait la réponse du ministre au gouverneur, lequel, cette fois, avec une franchise parfaite, — il le fallait bien ! — ne craignait point de révéler sa démarche.

» Versailles, 22 décembre 1873.

» J'ai rappelé M. d'Ideville parce que vous l'avez demandé expressément et que vous êtes son supérieur hiérarchique. J'apprécie, du reste, son courage et ses qualités réelles. Il sera difficile de lui trouver une préfecture en France; mais, quand il sera de retour, nous causerons de ce qu'il sera possible de faire pour lui. *Signé :* DE BROGLIE.

Comme conclusion et comme morale, l'infortuné gouverneur général, qui n'avait ni apaisé ni désarmé les radicaux par le sacrifice de son préfet, établissait, trois mois après mon départ, le 2 avril 1874, l'état de siège dans la province d'Alger, à la suite d'articles outrageants pour sa personne !

De ce jour, la guerre fut déclarée entre le parti radical, les députés et sénateurs algériens et le gouverneur autoritaire[1]. Plus de ménagement; sa vie privée, ses actes administratifs furent odieusement commentés. Un détail : son jeune fils, ayant été reçu à Saint-Cyr en sortant de l'institution des Jésuites de la rue des Postes, le père fut traîné dans la boue.

[1]. « Lorsque le général Chanzy dut faire place à M. Albert Grévy et quitta la colonie, sa position n'était plus tenable. La presse ne cessait de le harceler et de le taquiner. Les députés ne semblaient avoir d'autre but que de le combattre et de lui faire échec en toute occurrence. « Enfin, » disait le maire d'Alger, en recevant le successeur du général Chanzy, M. Albert Grévy, « enfin, nous sommes en présence d'un chef républicain; » vous êtes républicain, et vous voudrez qu'on le soit autour de » vous. » L'enthousiasme qu'inspirait la venue de M. Albert Grévy se dissipa bientôt. L'Algérie, cette éternelle mécontente (*in contumeliam prœfectorum ingeniosa*, avait dit d'elle Sénèque), et, cette fois, mécontente avec raison, ne tarda pas à accuser M. Albert Grévy, son premier gouverneur véritablement civil, d'imprévoyance et même d'insuffisance.» (*Le Général Chanzy*, par Arthur Chuquet, in-18, 1884.)

Antoine-Eugène-Alfred Chanzy, né à Nouart près Vouziers (Ardennes), le 18 mars 1823, est mort à Châlons-sur-Marne le 5 janvier 1883. Vaillant soldat, administrateur intelligent, le général Chanzy laissera une page glorieuse dans notre douloureuse épopée de 1871, grâce à la retraite du Mans. Il rêva d'être un général politique, autant par patriotisme que par ambition. Mais c'est bien à tort que les républicains le revendiqueraient comme un des leurs.

Le général eut le courage et l'esprit de mépriser ces lâches attaques. Suivant pas à pas les principes de l'amiral de Gueydon, en fait de colonisation et d'administration, le général Chanzy a aidé puissamment aux progrès de l'Algérie, jusqu'au jour où M. le président Grévy lui retira le gouvernement général pour le confier à son frère Albert.

L'ÉMIR ABD-EL-KADER.

Paris, janvier 1883.

De la grande épopée algérienne, deux hommes seuls survivaient hier : Abd-el-Kader et le duc d'Aumale. L'Arabe vient de mourir ; il ne demeure aujourd'hui debout que le prince français.

Tous les grands chefs ont disparu : Changarnier le dernier, et bien avant lui, de cette pléiade épique, Bugeaud, Cavaignac, Bedeau, Lamoricière, Saint-Arnaud, Pélissier, et tant d'autres, comme Canrobert, superbes au second rang.

L'adversaire le plus redoutable que la France ait rencontré sur la terre d'Afrique, l'homme qui, pendant seize ans de luttes héroïques, combattit pour sa foi et l'indépendance de son pays, Abd-el-Kader est, sans contredit, le personnage le plus important qui ait surgi depuis un siècle au milieu des populations musulmanes. Le maréchal Soult disait déjà en 1843 : « Il n'y a présentement dans le monde que trois hommes auxquels on puisse accorder légitimement la qualification de grands, et tous trois appartiennent à l'islamisme : ce sont Abd-el-Kader, Mehemed-Ali et Schamyl. »

On connaît peu, en France, la vie de notre illustre ennemi. Combien, parmi nos lecteurs, croyaient depuis longtemps Abd-el-Kader, le héros de tant de légendes, descendu au tombeau !

> Lui, le Sultan né sous les palmes,
> Le compagnon des lions roux,
> Le hadji farouche aux yeux calmes
> L'Émir pensif, féroce et doux !

Abd-el-Kader était né, vers la fin de l'année 1806, à la Ghetna de Sidi-Mahiddin, auprès de Mascara, sur le territoire des Hachem, dans la province d'Oran. Doué, dès l'enfance, d'une énergie singulière, d'une puissance d'attraction irrésistible, il n'eut qu'à paraître sur la scène pour dominer les volontés et subjuguer les cœurs.

Il était petit de stature, bien proportionné, et excellait dans tous les exercices du corps. Son regard perçant et doux était difficile à supporter. « Il est pâle et ressemble assez au portrait qu'on a souvent donné de Jésus-Christ, » écrivait en 1837 le général Bugeaud au comte Molé, après son entrevue avec l'émir sur les bords de la Tafna. « Ses yeux et sa barbe sont châtain foncé, son cerveau est bien développé, la bouche est grande, les dents blanches ; sa physionomie dans son ensemble est celle d'un dévot. »

M. Léon Roches, qui, pendant la longue trêve qui suivit le traité de la Tafna, demeura auprès d'Abd-el-Kader, l'ami et le confident de l'émir, trace de lui ce portrait : « Son teint est blanc, il est d'un mat pâle ; son front est large et haut ; des sourcils noirs fins et bien arqués surmontent deux grands yeux bleus bordés de cils noirs et remplis de cette humidité qui donne à l'œil tant de brillant et tant de douceur. Son nez est bien fait et légèrement aquilin, ses lèvres minces sans être pincées, sa barbe noire, fournie sans être épaisse, courte et se terminant en pointe, sa face est ovale. Un petit signe de tatouage entre les deux sourcils relève la pureté de son front. Ses mains maigres et petites sont remarquablement blanches ; une d'elles est presque toujours appuyée sur son pied qui ne lui cède en rien par ses proportions et sa blancheur. Sa taille n'excède pas cinq pieds et quelques lignes ; mais il est fortement constitué. Quelques tours d'une petite corde de poil de chameau fixant autour de sa tête un *haïk* de laine fine et blanche ; une chemise de coton, une tunique de même étoffe, un burnous blanc et un burnous brun, voilà tout son costume. Il tient toujours un petit chapelet noir dans la main droite, il l'égrène avec rapidité, et, lorsqu'il écoute, sa bouche prononce toujours les paroles consacrées à ce genre de prières. Si un artiste voulait peindre un de ces moines du moyen âge qui étaient animés par les idées sublimes de la religion et par le courage qui leur faisait souvent prendre les armes pour la défense de cette religion, il ne pourrait choisir un plus beau modèle. »

Le père d'Abd-el-Kader, le marabout Mahiddin, de la tribu des Hachem, était lui-même très vénéré des Arabes, et jouissait, comme marabout, d'une grande réputation de sainteté. Les tribus qui avoisinent Mascara voulurent le reconnaître pour chef suprême, en 1832; il refusa cet honneur et offrit à sa place son jeune fils Abd-el-Kader. Celui-ci, qui avait hérité du prestige de son père, fut agréé. Le vieux Mahiddin raconta, à cette occasion, qu'étant en pèlerinage à la Mecque, quelques années auparavant, avec son fils aîné et son second fils Abd-el-Kader, il rencontra, un jour qu'il se promenait avec le premier, un vieux fakir qui lui donna trois pommes, en lui disant :

— Celle-ci est pour toi, celle-là est pour ton fils que voilà ; quant à la troisième, elle est pour le sultan.

— Et quel est ce sultan ? demanda Mahiddin.

— C'est celui, reprit le fakir, que tu as laissé à la maison, lorsque tu es venu te promener ici.

Cette légende, à laquelle les partisans d'Abd-el-Kader croyaient religieusement, contribua à consolider son pouvoir et sa fortune.

A partir de ce moment, la vie d'Abd-el-Kader s'identifie avec l'histoire de la conquête de l'Algérie. Pendant ces longues années, lui seul tient en échec nos troupes. Prophète et guerrier, il prêche tour à tour la guerre sainte et combat, pas à pas, contre l'étranger envahisseur.

L'histoire d'Abd-el-Kader, est donc l'histoire même de la conquête de l'Algérie. Aussi, passerons-nous sur les incidents de cette guerre acharnée et sanglante, où l'Arabe lutta pied à pied, pour défendre sa terre, sa famille et son Dieu.

L'enlèvement de sa Smala (1843), dû à l'audacieuse et héroïque folie du jeune duc d'Aumale, porta un coup fatal à l'émir. Il faillit y être pris en personne. Depuis ce jour, sauf de rares épisodes, la fortune lui fut contraire.

Ce ne fut cependant que quatre ans après, à bout de forces, épuisé, trahi, qu'il se rendit aux Français, le 22 décembre 1847, entre les mains du général de Lamoricière. Conduit à Djemmâa-Ghazouat (Nemours), auprès du gouverneur général, duc d'Aumale, l'émir lui dit ces mots :

—J'aurais voulu faire plus tôt ce que je fais aujourd'hui ; j'ai attendu l'heure marquée par Dieu. Ton général m'a donné une parole sur laquelle je me suis fié ; je ne crains pas qu'elle soit violée par le fils d'un grand roi comme celui des Français.

Le lendemain, au moment où le prince rentrait d'une revue, l'ex-sultan se présenta à cheval et, entouré de ses principaux chefs, mit pied à terre, à quelques pas du duc d'Aumale.

— Je t'offre, dit-il, ce cheval, le dernier que j'ai monté. C'est un témoignage de ma gratitude, et je désire qu'il te porte bonheur.

— Je l'accepte, répondit le prince, au nom de la France, dont la protection te couvrira désormais, comme un signe d'oubli du passé.

Le 25 décembre 1847, l'émir, sa famille et ses

serviteurs s'embarquèrent sur la frégate *l'Asmodée* qui les conduisit à Toulon.

La convention passée avec le général de Lamoricière, généreusement ratifiée par le duc d'Aumale et suivant laquelle l'émir devait être conduit à Saint-Jean-d'Acre ou à Alexandrie, allait, en dépit de quelques difficultés parlementaires, recevoir son exécution, lorsque la néfaste révolution de février emporta le trône du roi Louis-Philippe.

L'émir, devant ce fait, comprit aussitôt qu'un malheur le menaçait.

— Voilà, dit-il au colonel Daumas attaché à sa personne et interné avec lui au fort Lamalgue, à Toulon, voilà un sultan que l'on proclamait, hier, puissant, qui avait contracté des alliances avec beaucoup d'autres souverains, qui avait une nombreuse famille, que l'on citait pour son expérience ! Trois jours ont suffi pour l'abattre. Et tu ne veux pas que je sois convaincu qu'il n'y a d'autre force, d'autre vérité que celle de Dieu ! Crois-moi : la terre n'est qu'une *charogne*; des chiens seuls peuvent se la disputer.

Contre la parole du gouvernement du Roi et l'engagement de ses représentants, la République retint l'émir prisonnier. C'est alors qu'Abd-el-Kader adressa aux membres du Gouvernement provisoire la curieuse lettre suivante, dans laquelle, à travers les fleurs de politesse orientale, on découvre une haute ironie.

« Louange au Dieu unique! leur disait-il, seul son empire est durable. Aux appuis de la République qui gouvernent la France et qui sont, à son égard, ce que les yeux et les membres sont au corps, salut! Salut à ceux que Dieu a élevés en faisant que de leurs actions résultent le bien et le bonheur de tous.

» Le Sid Ollivier, votre mandataire (commissaire général de la République dans le département du Var), est venu me voir. Il m'a informé que les Français, d'un commun accord, ont aboli la royauté et établi que leur pays serait désormais une République.

» Je me suis réjoui en apprenant cette nouvelle; car j'ai lu dans les livres que ce genre de gouvernement a pour but d'anéantir l'injustice et d'empêcher le fort de faire violence à celui qui est plus faible que lui.

» Vous êtes des hommes généreux, vous désirez le bien de tous et vos actes sont dictés par la justice. Dieu vous a institués protecteurs des malheureux et des affligés, et, par conséquent, de moi. Faites donc tomber le voile de douleur que l'on a placé autour de ma tête. Je demande justice; je ne l'ai pas obtenue jusqu'à présent. Mais vous ne pouvez me la refuser, puisque vous avez bâti, de vos mains, l'ordre de choses qui a pour but de rendre l'injustice impossible.

» Ce que j'ai fait, pas un de vous ne saurait le condamner. J'ai défendu ma religion et mon pays autant que mes forces l'ont permis, et, j'en ai la certitude, vous ne pouvez que m'approuver. — Quand j'ai été vaincu, lorsqu'il m'a été impossible de douter que Dieu ne voulait pas me donner son appui contre vous, je me suis décidé à me retirer du monde. C'est alors que, bien qu'il me fût facile de chercher un asile, soit chez les Berbères, soit dans les tribus du Sahara, j'ai consenti à me remettre entre les mains des Français. »

L'émir se faisait une idée singulière et très fausse de la République et des républicains. M. Arago, le ridicule ministre de la guerre de ces temps, se chargea de lui démontrer la moralité et la loyauté de son gouvernement. Il lui répondit en substance « que la République ne se croyait tenue, vis-à-vis d'Abd-el-Kader, à aucune obligation et qu'elle le prenait dans la situation où l'ancien gouvernement l'avait laissé, c'est-à-dire prisonnier ».

Après une douloureuse captivité de quatre ans au

château de Pau et au château d'Amboise, l'émir fut enfin mis en liberté par le souverain nouveau que s'était donné la France. Le 16 octobre 1852, le Prince Président faisait lui-même le voyage d'Amboise pour apporter sa liberté au grand prisonnier.

— Depuis longtemps, ui dit Louis-Napoléon, votre captivité me cause une peine véritable; car elle me rappelle sans cesse que le gouvernement qui m'a précédé n'avait pas tenu les engagements pris avec un ennemi malheureux. Et rien, à mes yeux, n'est plus humiliant pour le gouvernement d'une grande nation, que de méconnaître sa force au point de manquer à ses promesses. La générosité est toujours la meilleure conseillère et je suis convaincu que votre séjour en Turquie ne nuira pas à la tranquillité de nos possessions d'Afrique. Votre religion, comme la nôtre, apprend à se soumettre aux décrets de la Providence. Or, si la France est maîtresse de l'Algérie, c'est que Dieu l'a voulu, et la nation ne renoncera jamais à cette conquête.

» Vous avez été l'ennemi de la France; mais je n'en rends pas moins justice à votre courage, à votre résignation dans le malheur. C'est pourquoi je tiens à honneur de faire cesser votre captivité, ayant pleine foi dans votre parole. »

L'émir, auquel une pension de cent mille francs fut attribuée par le gouvernement impérial, s'embarqua le 21 décembre 1852 avec sa famille pour Brousse. Il y resta jusqu'en 1855 ; depuis, il se retira à Damas. C'est là qu'au mois de juin 1860 il reconnut généreusement les nobles procédés de la France, en prenant très énergiquement la défense des chrétiens contre les fureurs des Druses massacreurs. En 1863, il s'est rendu en Égypte pour accomplir de là un dernier pèlerinage à la Mecque ; enfin, en 1867, il est venu en France, à l'occasion de l'Exposition universelle.

Pendant l'année fatale de 1870, au moment où la France envahie agonisait sous l'étreinte de la Prusse et, peu après, sous celle de la République, Abd-el-Kader offrit son épée à l'homme qui l'avait fait libre. — Lorsque sa lettre parvint, Napoléon III à son tour était prisonnier. L'Empereur ne put répondre, il était à Willemshoe.

Abd-el-Kader, jusqu'à sa mort, a vécu à Damas dans une situation digne de son rang, grâce à la libéralité de la France. Il s'est éteint, entouré de la vénération de l'Islam, au milieu de ses serviteurs et de sa famille. Son fils, il y a peu de mois, était venu en France pour s'y faire opérer de la cataracte. Il n'a hérité, paraît-il, ni de la haute intelligence, ni du prestige de son père.

Un panégyriste d'Abd-el-Kader a dit de lui avec raison : « Un mobile plus noble, plus élevé que l'ambition dirigea sa conduite ; c'était celui qu'il puisait dans sa foi. » Ce mobile seul peut expliquer la ténacité surhumaine d'Abd-el-Kader, sa résignation dans l'infortune, son espoir, alors que l'espoir n'était plus permis. Quelque grand qu'on le suppose, l'amour du pouvoir ne sera jamais assez puissant pour faire supporter à un homme des épreuves semblables à celles que l'émir a subies. Abd-el-Kader n'a donc pas été un ambitieux. Il ne fut pas davantage un fanatique ; car le fanatisme est une folie qui exclut le calme et la raison. Sans doute, l'émir a fait appel aux passions religieuses de son peuple, il les excita contre les chrétiens, mais comme sept siècles auparavant Pierre l'Ermite avait excité les passions religieuses des Chrétiens contre les Musulmans. Abd-el-Kader a donc soulevé le fanatisme, mais il en a toujours été exempt lui-même ; la meilleure preuve, c'est ce qu'il a fait à Damas.

Quant à moi, ce que j'admire dans le grand émir, ce n'est pas seulement le guerrier, le saint légendaire, le Jugurtha insaisissable, le chef héroïque à la parole duquel se levaient cent tribus et qui brava mille morts. Il existait, selon nous, en lui, un côté plus grandiose et plus étrange, qui n'a point été assez relevé : c'est la résignation admirable de ce grand vaincu, c'est sa fidélité inébranlable à la parole, au serment, c'est la foi gardée! Malgré les occasions propices, malgré les excitations incessantes dont il fut, depuis plus de trente ans, l'objet de la part de ses coreligionnaires, l'émir s'est refusé à reprendre les armes contre la France.

Dieu n'ayant point permis qu'il fût vainqueur, le noble musulman a brisé son épée; devant l'arrêt de la fatalité, le fidèle croyant a courbé la tête et s'est agenouillé.

Abd-el-Kader est mort à Damas le 25 mai 1883.

UNE SOIRÉE AUX TUILERIES.

Le vieux Palais de nos rois est rasé ; nos fils ne verront plus ces murs pantelants, ces balcons déchiquetés, ces ruines gigantesques que, jusqu'en ces derniers jours, nous avions conservé l'espoir de voir relever ! En laissant debout, pendant treize ans, au milieu de Paris vivant, ces décombres splendides de la géante demeure, on eût dit que les individus, auxquels les hasards et notre lâcheté ont permis de camper au gouvernement de la France, reculaient devant ce nouveau sacrilège, s'arrêtant devant la majesté des souvenirs ! Mais, le jour où le conseil municipal parisien a pris possession du pavillon de Flore, pour y tenir ses assises, il a déplu, sans doute, à certains hommes de cette assemblée, ex-membres de la Commune, de voir se dresser encore les ruines du palais incendié par eux ! Ce qui restait des Tuileries a été condamné. Cette assemblée, que Gambetta a baptisé la Chambre des sous-vétérinaires, a fait le reste. Le berceau historique des souverains qui ont créé la France portait ombrage aux amis de M. Ferry et de M. Challemel !

Mes plus anciens souvenirs d'enfance me font assister, en 1842, à un bal d'enfants au palais des Tuileries. Mon père, qui avait l'honneur d'être un député fidèle du roi Louis-Philippe et très dévoué à la politique de M. Guizot, me présenta à S. M. la reine Amélie et à S. A. R. madame Adélaïde. Je n'ai jamais oublié les gracieuses paroles des deux princesses. Toutefois, comme je n'avais pas atteint la douzième année, on négligea, à ma très grande confusion, je m'en souviens, de me présenter au Roi.

Je m'entretenais dernièrement avec un contemporain des fils du Roi, de ces souvenirs. Il me parlait avec émotion, de cette famille royale si unie, si belle, qui excitait alors, comme elle le fait aujourd'hui, l'admiration de tous, imposant le respect, même à ses ennemis les plus acharnés. « Chez eux, tous les hommes sont braves, toutes les femmes sont chastes, » avait dit un grand homme d'État étranger, en parlant de la famille royale d'Orléans. Depuis un demi-siècle, cette parole n'a pas été démentie.

M. Léon Roches, l'interlocuteur en question, qui, à différentes époques de sa vie, fut admis dans l'intimité de la famille d'Orléans, m'ayant conté plusieurs traits relatifs au Roi et aux princes, il m'a semblé intéressant de les reproduire, tandis que ma mémoire est empreinte de ses paroles et que je me trouve sous le charme de ses entretiens.

C'était vers la fin de l'année 1844, quelques mois après la victoire d'Isly (14 août 1844). Le maréchal Bugeaud, rentré en France, venait de traverser le pays en triomphateur, et les hommes de ce temps n'ont pas oublié les ovations dont le vainqueur du Maroc fut l'objet de la part des Parisiens. Un banquet lui fut offert, au palais de la Bourse, par le commerce de Paris, et le vieux soldat, entouré des fils du Roi, ses glorieux compagnons d'armes, porta un toast devenu célèbre, à la France et à l'armée.

Afin de donner aux Arabes une idée de la grandeur de la monarchie française, le gouverneur avait eu l'idée de faire venir à Paris six grands chefs, de nos alliés, sous la conduite et la direction de M. Léon Roches, interprète en chef de l'armée d'Afrique. Ce dernier, très apprécié et très respecté par les Arabes, dont il connaissait à fond les usages et la langue, à la suite de son long séjour auprès de l'émir Abd-el-Kader, était naturellement désigné pour remplir cette mission. Les chefs arabes eurent en France grand succès et furent accueillis partout avec une bienveillante curiosité. Le roi les reçut à plusieurs reprises aux Tuileries, et la famille royale se montra fort empressée auprès de ces fils du Désert, qui avaient fidèlement exécuté leurs promesses.

Avant de quitter Paris, les six Arabes furent invités à venir, dans une dernière audience, prendre congé du roi. Assistés de M. Léon Roches, ils se rendirent à neuf heures au palais des Tuileries, et furent reçus dans une petite salle basse précédant les appartements du roi. C'est là que la famille avait l'habitude de se réunir chaque soir. Autour d'une grande table ronde, la reine Marie-Amélie, ayant auprès d'elle les princesses ses filles et ses belles-filles, travaillait à des objets destinés aux pauvres, tandis que le roi, assis dans un fauteuil, conversait avec sa sœur, Madame Adélaïde, et avec les princes ou les hôtes privilégiés admis dans l'intimité de la famille.

Les ducs de Nemours et d'Aumale, le général de la Rue, le colonel Dumas, le colonel de Perthuis étaient debout auprès du roi ; madame la duchesse d'Orléans et le jeune comte de Paris, la marquise de Dolomieu assistaient également à cette audience d'adieux.

Ce soir-là, le travail des princesses fut interrompu par l'arrivée des Arabes. Selon l'habitude, M. Léon Roches, accablé de questions, dut répondre et suffire à tous. Or, tandis que le roi s'entretenait avec les chefs arabes et l'un de ses aides de camp, M. Roches avait été pris à part par un personnage vêtu de noir qui l'interrogeait de la façon la plus pressante.

L'interprète en chef de l'armée d'Afrique, ignorant le nom de son interlocuteur, lui répondait avec politesse, non sans trouver un peu étrange, cependant, l'insistance de cet invité, qui, seul de la réunion, ne portait ni uniforme ni décoration, — lorsque le roi, s'approchant de l'inconnu, vint éclairer M. Roches. — « Je vois avec plaisir, mon cher gendre, que les récits de M. Roches vous intéressent. » Le questionneur, que notre jeune Français trouvait, à part lui, un peu indiscret, n'était autre que S. M. le roi des Belges. L'interprète en chef se confondit en excuses pour avoir traité, depuis un quart d'heure, Sa Majesté de « monsieur », se félicitant tout bas d'avoir répondu avec une courtoisie parfaite à l'interminable interrogatoire de l'invité.

UNE SOIRÉE AUX TUILERIES.

Le moment des adieux étant arrivé, le roi fit signe à l'un de ses officiers d'ordonnance ; et aussitôt on apporta devant le souverain les différents présents destinés aux Arabes.

Les chefs conduits en France par M. Léon Roches étaient des personnages considérables, devenus presque tous historiques. — C'étaient : le vieux caïd Ali, de Constantine ; Bou-Lakrass, Ben-Guena, fils du Serpent du désert de Biskra ; Mohamed Ben-Hadj-Mohamed-el-Mokrani (ce même noble Arabe qui, en 1870, ne voulant plus servir un gouvernement dont le chef était le juif Crémieux, renvoya ses décorations et son traitement et se fit tuer à la tête de l'insurrection) ; El-Hadj-Mohamed-el-Kharroubi, ancien secrétaire de l'émir ; enfin deux caïds, tués depuis au service de France.

Le caïd Ali reçut la croix de commandeur et Bou-Lakrass celle de chevalier ; des armes furent données aux autres caïds.

La distribution terminée, Sa Majesté, toujours accompagnée du général de la Rue, son aide de camp, se tourna vers l'interprète en chef. « Je ne vous ai pas oublié, vous non plus, mon cher monsieur Roches, et je tiens à vous remercier tout particulièrement. » En même temps, le roi Louis-Philippe remettait entre les mains du jeune officier une tabatière d'or enrichie de diamants : — « A ce geste, nous dit M. Roches, un nuage me passa devant les yeux, je pâlis et balbutiai quelques mots inintelligibles de remerciement, en m'inclinant devant le roi. Je faillis laisser tomber à cet instant, je l'avoue, le présent royal, tant je me sentais humilié, froissé, d'être traité, moi soldat, comme un artiste exotique, ou un pianiste!

» Le général de la Rue, auquel n'avait pas échappé mon émotion et qui en avait deviné la cause, me pinça le bras : « Ouvrez donc la boîte! » fit-il tout bas ; en même temps, il me regardait en souriant.

» J'ouvris la tabatière ; elle contenait... la croix d'or de la Légion d'honneur !

» Je faillis tomber à la renverse ; mes yeux s'emplirent de larmes et je me confondis, sans savoir ce que je disais, en respectueuses et profondes expressions de reconnaissance. Après quatorze ordres du jour, j'avais été nommé chevalier de la Légion d'honneur, il y avait, à peine dix-huit mois. Le roi, me faisait aujourd'hui officier de sa main, à trente-deux ans ! En vérité, si j'avais rendu quelques services à la bataille d'Isly, j'étais royalement récompensé de mes peines ! »

« — Aussitôt, continua M. Roches, mes Arabes

voyant attaché sur ma poitrine, le précieux bijou, dont ils comprenaient toute la valeur, se jetèrent à mes pieds, me prenant les mains et les baisant avec effusion. Cette petite manifestation amusa fort le roi et les princesses, qui ne virent point sans plaisir le prestige dont était entourée, chez les indigènes, la faveur royale. »

« — Une année après, au mois de janvier 1845, je revenais à Paris, et fus reçu plusieurs fois par le roi, nous dit encore M. Roches. M. Guizot, alors président du conseil et ministre des affaires étrangères, avait presque exigé du maréchal Bugeaud mon départ d'Algérie. Il m'avait désigné pour remplir les fonctions de secrétaire de la légation du Maroc. Ce n'était pas sans un vif déchirement de cœur que j'avais abandonné l'illustre chef qui daignait m'honorer de son amitié et de sa confiance. Je fus chargé de suivre les négociations de la délimitation des frontières et du traité de paix avec l'empereur du Maroc en personne. Le traité signé, je reçus l'ordre d'accompagner à Paris l'ambassadeur marocain. J'arrivai en France au commencement de l'année. Le roi voulut bien me recevoir aussitôt, et me permit de lui parler en toute liberté. L'ambassadeur était, selon l'usage, chargé de présents pour le roi des

Français, et nous devions, par réciprocité, transmettre à son souverain des présents. On se disposait à expédier au Maroc, des armes, des étoffes, des tapisseries des Gobelins et des vases de Sèvres.

» Connaissant bien le caractère et les sentiments de l'empereur Muley-Abbas, je me permis d'adresser au roi une prière, et le suppliai de négliger pour cette fois, les traditions d'usage : et de ne pas envoyer au Maroc un présent aussi banal. « Pourquoi,
» pris-je la liberté de dire à Sa Majesté, offrir, comme
» les souverains vos prédécesseurs, des étoffes et des
» objets d'art à ces musulmans? Ils les apprécieront,
» sans doute ; mais ne vaut-il pas mieux les frapper
» d'étonnement et les forcer à admirer notre puis-
» sance ? S'il m'était permis d'émettre un avis devant
» le roi, je conseillerais d'envoyer au sultan du Maroc
» une superbe batterie d'artillerie, attelée de magni-
» fiques juments normandes. Je suis persuadé que ce
» présent serait apprécié à sa valeur. Il prouverait,
» d'abord, que nous n'avons pas besoin de leurs che-
» vaux, plus frêles que les nôtres ; quant à la batterie,
» elle leur démontrerait suffisamment que nous en
» avons beaucoup de semblables, — au cas où l'envie
» les reprendrait de nous faire la guerre. »

Le roi Louis-Philippe goûta l'idée suggérée par le jeune diplomate : « Mais, fit observer le souverain, je préfère que cette proposition vienne des ministres ; je serai plus sûr, ainsi, de la voir adoptée. Vous n'ignorez pas, mon cher Roches, que je suis un souverain constitutionnel et que je ne saurais imposer ma volonté. Voici donc ce que je décide. C'est un petit complot entre vous et moi. Je vous charge de vous présenter chez chacun de mes ministres ; vous les verrez individuellement et vous leur exposerez votre projet en vous servant des arguments que vous venez de me présenter. » Et, en même temps, le roi, avec cet esprit fin et pénétrant qui le caractérisait, avec sa profonde connaissance des hommes, indiqua à M. Roches ceux des arguments qu'il devrait faire valoir auprès de tels ou tels de ses conseillers, les côtés qu'il devait mettre en relief auprès de celui-ci, les petites flatteries qu'il devait employer auprès de cet autre. Bien renseigné et la leçon bien apprise, le jeune secrétaire se rendit auprès des ministres, de M. Guizot, de M. le maréchal Soult et des autres... Le surlendemain, il venait rendre compte au roi de sa mission : il avait triomphé presque sur toute la ligne !

Quelques jours après, le conseil des ministres réuni proposa à Sa Majesté d'envoyer à l'empereur du Maroc une batterie d'artillerie modèle, attelée de juments percheronnes. Le roi, convaincu par l'éloquence de ses ministres, se rendit docilement à leur avis. C'est ainsi que se passaient les choses, au temps de ce roi tout à fait constitutionnel, un peu trop respectueux, selon nous, des fictions admirables du parlementarisme!

. . . .

« — A ce même voyage, nous dit M. Roches, au moment de regagner avec l'ambassadeur du Maroc, Tanger, mon nouveau poste, un incident dont je fus l'objet me prouva à quel degré la famille royale de France était unie et combien chacun de ses membres s'étudiait à respecter, à conserver cette union. Quelques jours avant mon départ, j'avais eu l'honneur de dîner aux Tuileries. Dans la soirée, Madame Adélaïde me prit à part et, m'ayant fait asseoir auprès d'elle :

» — Vous allez bientôt partir, monsieur Roches. Eh
» bien, avant de vous embarquer, je veux vous de-
» mander un service. »

» Je répondis à Son Altesse que j'étais prêt à tout pour être agréable à une princesse dont la famille daignait me combler de tant de bontés.

» — Je sais, en effet, répliqua l'auguste princesse,
» que le roi mon frère, que la reine, que les princes
» vous aiment tous et vous apprécient. Les sentiments
» que j'éprouve pour vous sont les mêmes. Cependant,

» il est un léger point noir qu'il faut éclaircir. Un
» seul des nôtres, peut-être, ne partage pas abso-
» lument ces sentiments : c'est Nemours! Or vous
» savez combien haut je prise l'opinion de mon cher
» Nemours; vous savez de quel prix est son affection,
» son estime! J'ignore quelles préventions il a contre
» vous, à propos de votre séjour chez Abd-el-Kader,
» je crois. Or, comme je veux que vous partiez sans
» reproche et sans crainte, il faut que vous de-
» mandiez une audience au duc de Nemours, afin de
» vous expliquer avec lui, à cœur ouvert. N'est-ce
» pas, monsieur Roches? vous me le promettez? Vous
» avouerez au prince, si vous voulez, que c'est moi
» qui vous envoie à lui! »

L'ancien ami d'Abd-el-Kader fut reçu peu de jours après par le fils aîné du roi, et n'eut point de peine à détruire les calomnies dont il avait été l'objet. Mais, en vérité, n'est-elle point touchante et pleine de délicatesse cette préoccupation de Madame Adélaïde qui, avec tant de justesse, prisait si haut l'estime du plus noble de ses neveux.

LE PARLOIR-AUX-BOURGEOIS.

UNE VISITE A L'HOTEL DE VILLE.

20 décembre 1883.

Ce fut le 14 juillet 1882, si j'ai bonne mémoire, sous le consulat si court du citoyen Charles Floquet, que fut inauguré le nouvel hôtel de ville. Rien n'était terminé; mais le bouillant édile avait hâte d'attacher le souvenir de son passage à un acte quelconque. C'est ainsi que ce nom illustre chez les Floquet et si grotesque dans l'histoire, se trouve, momentanément, incrusté en lettres d'or sur une table de marbre, en tête des noms des quatre-vingts municipaux de Paris.

Or, aujourd'hui, après dix-huit mois, le palais municipal est encore livré aux ouvriers de gros œuvre, maçons, serruriers, etc. Il faudra plus de dix millions, nous a-t-on dit, avant que les ruines de la Commune soient entièrement réparées. La France a déjà payé, pour la reconstruction dudit hôtel de ville, la somme de vingt-six millions. Les caprices de la populace en rut coûtent vraiment cher à la France!

Il se passera longtemps, si M. J. Ferry n'y met ordre, avant que M. le préfet de la Seine, ce personnage hybride, si singulièrement houspillé par les conseillers municipaux, tantôt leur fantoche, tantôt leur bête noire, ne soit installé à l'hôtel de ville. Le palais, en effet, aux yeux de nos étranges édiles, est leur propriété sans conteste; il appartient d'une façon absolue à la municipalité parisienne, et c'est uniquement par grâce, par faveur, que le représentant de l'État, du Gouvernement, s'y trouvera logé.

Tout a été, d'ailleurs, sacrifié au Conseil. La grande salle des séances, les chambres de réunion, commission et vestiaires, les galeries, les escaliers, la merveilleuse salle des Pas-Perdus servant de vestibule au petit Parlement, tout ce qui constitue, en un mot, l'installation et le fonctionnement, l'apparat des représentants de la grande cité, est à peu près terminé.

Je n'ai point à parler des cours intérieures, des portiques revêtus de sculpture, des escaliers à jour, qui rappellent les splendeurs de Chambord et de Blois, ni de l'escalier d'honneur qui conduira à la salle des séances. La galerie des fêtes, comme jadis, occupe le premier étage, faisant face à l'église Saint-Gervais. C'est là que le président Jules Grévy inaugura, dans le banquet du 14 juillet 1882, l'ancienne demeure du baron Haussmann. Cette salle conserve encore sa décoration provisoire et j'ai admiré un plafond fort beau, exécuté, paraît-il, pour la circonstance. La salle Saint-Jean, située au rez-de-chaussée, au-dessous de la galerie des Fêtes, a conservé le même caractère qu'elle avait dans le monument primitif. Cette immense pièce, bordée d'une double rangée de colonnes, est d'un aspect grandiose. Avec ses grandes baies cintrées, elle rappelle bien les beaux jours de la Renaissance. C'est là que, sous les dernières monarchies, avait lieu le tirage au sort des conscrits et celui des obligations de l'hôtel de ville : cette année, la salle est prête, et les mêmes cérémonies s'y renouvelleront.

Deux imposantes cariatides soutiennent la porte d'entrée : des femmes tenant entre leurs bras des urnes — ce qui tendrait à laisser supposer que le hasard, en ce bas monde, préside à la vie municipale. Sous la voûte, — de chaque côté de la porte extérieure, — quelle fut notre surprise, de retrouver deux statues colossales, en bronze, échappées par miracle à l'incendie de 1871 : Louis XIV et François Ier! Il fallait que le roi gentilhomme fût prédestiné, puisqu'au milieu de tant de décombres, il devait survivre presque seul. Dans son écu n'existe-t-il pas une salamandre? La statue de Louis XIV, si je ne me trompe, s'élevait, au temps jadis, dans la cour d'honneur, en face de ce charmant escalier à double évolution que je n'ai pas retrouvé dans le nouvel hôtel de ville.

En dépit de leur passion iconoclaste, rage stupide de destruction qui s'abat sur tout emblème monarchique, les citoyens conseillers sont assiégés, bon gré mal gré, à chaque pas, dans ce qu'ils appellent leur demeure, par les souvenirs irritants de la monarchie. Les larges galeries qui conduisent à la salle des séances et au cabinet du préfet, futur maire de Paris, ainsi qu'à celui du directeur des travaux, sont éclairées par de magnifiques verrières. Or, faut-il le dire, les yeux de M. Joffrin et de ses congénères y sont offensés journellement par la vue d'armoiries royales et de figures héraldiques. De tous côtés, éclatent les noms et titres honorifiques de nos seigneurs les maréchaux, ducs et princes qui furent gouverneurs de Paris sous nos rois; sans compter ceux des prévôts des marchands et préfets de la Seine, jusques et y compris le nom du malheureux Oustry, si fort malmené par ces messieurs du Conseil.

Deux mots encore de la grande salle des séances. C'est un long parallélogramme, rappelant assez la chambre où les souverains tenaient séance royale du Parlement. Sorte de miniature et de réduction de la Chambre des députés, elle possède une estrade pour le président et les secrétaires, une tribune pour l'orateur et son banc des ministres occupé par MM. les préfets de la Seine et de police, les secrétaires généraux et le Directeur général des travaux de Paris, M. Alphand, « le seul homme de France indispensable et irremplaçable », a-t-on dit un jour assez justement. Les partis y sont groupés comme au Parlement : les huit membres de la droite se touchent les coudes ; l'extrême gauche, de son côté, est à son rang.

La galerie du vestiaire précède la belle salle de la commission du budget : immense table, tapis vert,... tout ce qu'il faut pour écrire. — Ici, arrêtons-nous : la décoration républicaine et éminemment provisoire de ces lieux mérite une mention. Au centre, une toile représentant une Marianne quelconque décolletée et furieuse, c'est obligatoire. Puis, à droite, la prise de la Bastille ; à gauche, une barricade en 1830. Ce dernier épisode, ayant trait à une époque « ordurée de modérantisme », comme on disait sous la Terreur, blessant les yeux de certains conseillers, le tableau sera prochainement enlevé. En face, une œuvre d'art superbe, le bas-relief de Dalou occupe le centre, et, de chaque côté, deux bustes juchés sur de hauts piédestaux... devinez? Deux prévôts des marchands, sans doute? deux grands maires de Paris? deux illustres hommes d'État! Vous n'y êtes point : Saint-Just et Garibaldi! Maître Floquet l'a voulu ainsi!

Notre admirable maison de ville, aujourd'hui sortie de ses cendres, a été, on le sait, reconstruite presque exactement sur les anciens plans. La surface de l'édifice mesure en superficie 18,000 mètres. La façade est de cent mètres sur le quai et la rue de Rivoli; elle est de cent quatre-vingts mètres sur la place.

Durant notre visite, à l'hôtel de ville, plus d'une surprise nous fut réservée. Gageons que nombre d'électeurs de Paris, administrés, corvéables et contribuables, ignorent le singulier emploi fait de leur argent et les inutiles somptuosités décrétées par l'édilité républicaine. La descente aux sous-sols, je ne veux pas dire à l'enfer, est particulièrement édifiante. Notre guide, jeune architecte, après nous avoir promené à l'entresol, à travers les futurs appartements du préfet, nous indiquant jusqu'à la porte qui conduira ce fonctionnaire de l'avenir, par un large escalier de fer, dans son jardin du bord de l'eau, nous fit pénétrer dans les locaux souterrains de l'hôtel de ville... A peine avions-nous mis le pied sur les marches que des bruits cadencés de machines, les frémissements d'une grande usine surprirent nos oreilles. De vastes galeries voûtées, éclairées au gaz, abritent de gigantesques chaudières à vapeur. Autour de hautes fournaises, appareils de maçonnerie, des chauffeurs à demi nus entretenaient des brasiers ardents. Incrustés sur les voûtes et greffés les uns sur les autres en replis tortueux, comme des boas colossaux, l'œil s'arrête sur des tuyaux de fer et de cuivre à l'armature bizarre. Le va-et-vient des ouvriers, le tapage des balanciers, la fumée, l'odeur de la houille, tout ce brouhaha industriel surprend singulièrement dans cet asile, et ce refuge de nos libertés municipales.

— « Que peut-on bien fabriquer dans cet antre à vapeur, me dit le provincial qui m'accompagnait? Sommes nous dans une usine à sucre, dans un atelier métallurgique ou une fonderie de canons? » Tout électeur parisien que je suis, je me trouvais fort embarrassé pour répondre, lorsque notre cicerone, non sans un léger sourire, nous apprit que ces puissantes machines et ces engins formidables avaient pour objet unique de chauffer et d'éclairer la chambre des séances et de desservir les téléphones. Il était à peine deux heures, une pluie douce et tiède arrosait la ville : il faisait clair, il faisait chaud. Précisément à cet instant, nos municipaux réunis votaient, avec un courage et un ensemble digne des grands jours de 1793, la démolition de la Chapelle expiatoire !

Eh bien, là! vraiment, pensai-je, pour exécuter pareille besogne, les dignes héritiers des géants défunts nous coûtent cher ! Que de milliers de kilogrammes de charbon par jour pour le service de la salle des séances, sans compter les frais d'ouvriers mécaniciens, chauffeurs et le reste... Mais ce n'est pas tout. L'hôtel de ville est un monde : à l'étage placé au-dessus des salles de commissions, un atelier d'imprimerie de quarante ouvriers fonctionne nuit et jour... pour imprimer le *Bulletin municipal* et les rapports lumineux de M. Braleret! J'ai bien dit : ce n'est pas un songe, et, de plus, au sous-sol, auprès des écuries souterraines, se trouvent de vastes salles pour les plieuses, brocheuses et pour le départ.

Nous traverserons en courant, si vous voulez, le hall gigantesque destiné au service des emprunts, obligations, et payement des coupons. Le Crédit Lyonnais du boulevard des Italiens, ce palais-folie qui n'est point précisément mal aménagé, semble une vile échoppe à côté de ces splendeurs et de ces féeries municipales. Notre bienveillant cornac nous expliqua avec orgueil que la salle était éclairée par sept cents becs de lumière qu'on pouvait allumer à la fois. Quel spectacle! Il est bon d'ajouter que ladite salle, destinée au petit public qui vient toucher ses coupons, est fermée à trois heures! — Mais, pour le peuple, pour les Parisiens, rien de trop grandiose, d'assez luxueux et de trop confortable! Est-ce bien pour le peuple? Non pas... seulement pour le prestige de ses augustes conseillers, les représentants de la Cité-Lumière.

Ici, je n'entends point faire de politique, ni critiquer les excellents municipaux si douillettement installés, à leur stupéfaction, dans des fauteuils de velours; mais, l'avouerai-je à ma honte, je fus de nouveau pris au dépourvu devant certaine question de mon ami le provincial. Lorsqu'il eut parcouru les bancs et déchiffré sur les buvards de maroquin noir les noms inconnus des sous-entrepreneurs, déclassés, fruits secs et bohèmes qui composent la majorité républicaine du Conseil municipal de Paris:
« Ils sont là quatre-vingts environ? fit-il. Je vou-

drais bien savoir combien, parmi ces bonshommes, sont nés à Paris, dans le département de la Seine? combien aussi sont propriétaires dans cette capitale, dont ils sont chargés de dépenser ou de gaspiller les deniers-trésors? »

Je demeurai silencieux, profondément humilié, — ayant appris peu de jours auparavant par un journal que, sur les quatre-vingts édiles et échevins de Paris, soixante environ avaient vu le jour aux quatre coins de la France, de l'Europe ou des colonies. Quant aux citoyens conseillers payant, en l'Ile-de-France, l'impôt foncier, il s'en trouvait à peine une quinzaine.

« — Moi qui vous parle, reprit mon interlocuteur, je fais partie du Conseil municipal de X..., qui compte plus de quarante mille habitants. Eh bien, je puis vous l'affirmer, il n'est pas un seul de nous, né hors de la ville, ou qui ne soit tout au moins originaire du département! Ce qui se passe dans votre Paris me semble illogique et monstrueux! Je sais bien qu'on l'appelle souvent : l'hôtellerie, le café, le cabaret du monde; mais ce sont les Allemands surtout qui se plaisent à qualifier ainsi Paris. Votre présent conseil, bien plus cosmopolite que parisien, semble donner raison à nos ennemis. En vérité, je ne comprends pas que Paris n'appartienne pas aux Parisiens, aussi bien que Toulouse est aux Toulousains, Lille aux Lillois et Marseille aux Marseillais ! Ah ! je vous certifie que, si les membres de la Commune avaient été de braves Parisiens nés à Paris, ils n'auraient point brûlé la bibliothèque du Louvre et le vieil hôtel de ville ! Il faut, disons-le franchement, qu'ils aient des tempéraments singulièrement dociles et de bien douce composition, vos électeurs, vos contribuables et vos bourgeois de Paris, grands et petits, pour laisser administrer et diriger leurs royales finances par une collection de citoyens aussi hétéroclite que celle qui trône sur les fauteuils municipaux ! Mettez à part une quinzaine de membres capables, parmi lesquels les gens de droite, je parierais que le niveau d'intelligence, d'instruction et d'éducation de la moyenne ne dépasse pas celui des garçons frotteurs qui balayent ces salles ou des compagnons limousins qui ont bâti ce palais. »

Que répondre ? N'était-ce point l'exacte vérité ? Quant à la représentation numérique sincère de la population parisienne, on sait à quoi s'en tenir. Lorsque nous songeons que, dans une ville de plus de deux millions d'habitants, un inconnu, un étranger, élu par 700 voix, ose voter le budget de la capitale, on nous permettra bien de souhaiter qu'un régime d'ordre et d'énergie, quel qu'il soit — fût-il républicain — vienne nous débarrasser de ces histrions!

Telles étaient les réflexions pleines de philosophie, pleines aussi de tristesse que nous fîmes, mon ami le provincial et moi, en sortant de l'hôtel de ville!

— Prions Dieu, afin qu'il prenne en pitié et sous sa bonne garde le vieux royaume de France et que, du même coup, soit réinstallé au logis du Louvre un roi digne de commander, tandis qu'une assemblée de Parisiens notables reprendra possession du *Parloir-aux-Bourgeois.*

MON AMI BEULÉ.

SOUVENIRS PERSONNELS.

20 avril 1874.

Je reviens du palais de l'Institut, je sors de ce logis élégant, de ce vieux salon plein de lumière que je n'avais pas revu depuis le jour où une foule, silencieuse et morne, se pressait pour rendre les derniers hommages à celui qu'on appelait « l'heureux Beulé ».

La mort l'a saisi en plein bonheur, en pleine vie, au moment où il jouissait avec délices du repos et du calme que venait de lui laisser la politique. Le dernier jour où je le vis, il m'avait accompagné sur le pont des Arts. Trois fois nous parcourûmes ensemble cette promenade charmante qu'il appelait son « jardin ». — « Jamais je n'ai été plus heureux, me dit-il, le croirais-tu? Après ces épreuves et ces soucis des affaires, je jouis comme un enfant de ma liberté. J'ai repris avec béatitude mes occupations de l'Académie; je retrouve avec une joie singulière mes amis d'autrefois; enfin, je reprends possession de moi-même. »

Peu de jours après cet entretien, l'homme qui parlait ainsi était trouvé mort, dans son lit, le matin du 3 avril 1874. L'âme de cette maison si paisible, si enviée, le chef de cette famille étroitement unie avait disparu. Il était parti sans avoir adressé ce dernier adieu, sans avoir échangé cette dernière étreinte, consolations suprêmes pour ceux qui restent. Il s'était arraché brusquement à tout ce qu'il aimait, à ses chers enfants, à sa femme adorée, aux travaux de chaque jour, le charme et la gloire de sa vie.

Cette séparation a été tellement inopinée, brutale, que je ne puis m'habituer à la pensée qu'elle est éternelle. Tout à l'heure, dans ce salon, je croyais le voir; il me semblait entendre sa voix claire et grave. A cette place où il était il y a quelques jours, une femme vêtue de noir, suffoquée par les sanglots, se tenait debout et immobile; avec une sorte de volupté amère, elle s'est plu à repasser avec moi les anciens souvenirs des jours heureux. Mais avec quelle colère elle maudit, la pauvre femme, tout ce qui rappelle ce fatal passage au pouvoir qui a brisé sa vie; comme elle hait cette élévation d'un jour, ces luttes fiévreuses de la politique qui ont tué celui qu'elle aimait.

Tout en me parlant de ce Versailles abhorré, elle me désignait le cabinet de travail où il avait jadis passé tant de longues heures, heures bénies qui ne laissent après elles ni tourments ni angoisses.

« — Ah! si nous n'avions jamais quitté l'Institut! » me dit-elle; et, en même temps, elle levait les yeux sur le portrait vivant de son mari, ce chef-d'œuvre de Baudry, l'un de ses meilleurs et de ses plus fidèles amis.

« Nous ne nous étions jamais quittés, disait-elle. Il m'avait si bien associée à ses joies, à ses chagrins, à ses études même, que je m'étais élevée jusqu'à lui. Les quinze années de bonheur passées auprès de lui me semblent un rêve. C'est là qu'il travaillait et recevait ses intimes. Vous souvenez-vous de nos jours de triomphe, lorsqu'il venait de prononcer, à l'Institut, l'éloge d'un grand artiste? Après la séance tous les amis venaient lui serrer la main et le féliciter. J'étais si orgueilleuse, si vaine de l'admiration, de la sympathie qu'on lui témoignait. Comme cette joie était pure! Hélas! que j'étais heureuse! »

La vie politique de Beulé commença après le 4

septembre 1870. Il fut envoyé par cent mille électeurs de l'Anjou à l'Assemblée de Bordeaux et prit, dès ce jour, la part la plus active aux travaux parlementaires.

Il serait temps, à ce propos, de venger, une fois pour toutes, la mémoire de mon ami, de ces étranges reproches d'ingratitude et de félonie à l'égard de l'Empire. A entendre certaines gens, M. Beulé serai une créature du dernier régime ; c'est à l'empereur Napoléon III qu'il aurait dû, non seulement sa situation de professeur, de membre de l'Institut, de secrétaire perpétuel, mais encore sa notoriété de savant et de lettré !

Jamais accusation ne m'a semblé plus odieuse et plus mal fondée. Il suffit de remonter dans la vie bien courte, hélas ! du savant et du professeur pour en démontrer la fausseté.

L' « heureux » Beulé fut loin d'entrer dans la vie sous de riants auspices. Nature énergique, persévérante, fortement trempée, c'est bien à lui, et à lui seul, qu'il dût son élévation ; si, plus tard, il arriva aux plus hautes fonctions, son intelligence, son travail opiniâtre, son mérite seuls l'y conduisirent, et non la faveur ou le caprice d'un prince.

Ses triomphes du collège et de l'École normale, ses succès de l'École d'Athènes, lui appartiennent bien en propre, j'imagine, et, lorsqu'il fut élu à l'Académie des inscriptions et belles-lettres, les membres de l'Institut ne firent pas, on me l'accordera bien, acte de courtisanerie en appelant au milieu d'eux l'auteur de l'*Acropole* et des *Études sur le Péloponèse*. L'Europe savante, un peu plus que la cour des Tuileries, je crois, désignait et acclamait le lettré, l'archéologue, dont le plus grand crime, aux yeux de bien des gens, était de n'avoir pas trente ans.

A cette époque cependant, l'empire, et nous sommes loin de lui en faire un reproche, ne craignait pas de s'entourer d'hommes jeunes. Le ministre de l'instruction publique, qui eut l'esprit et la hardiesse de donner à Beulé la chaire d'archéologie à la Bibliothèque impériale, M. Fortoul, n'avait pas quarante ans, lui non plus, lorsqu'il entra au ministère. M. Fortoul était un professeur de mérite, sans aucun doute, le plus aimable, le plus sympathique des hommes ; mais nous ne croyons pas être accusé de partialité, en affirmant que M. Beulé lui était bien supérieur.

M. Beulé fut nommé par l'empereur chevalier de la Légion d'honneur. Cette faveur fut-elle accordée à l'hôte de Compiègne ou au savant? Il serait bon de s'expliquer à ce sujet.

La rupture de M. Beulé avec la cour des Tuileries eut la plus noble et la plus légitime des causes. Sait-on pourquoi « cet homme dévoré d'ambition, ce courtisan avide de places et d'honneurs », devint subitement l'ennemi du gouvernement et cessa ses visites chez le souverain? Le motif en est tellement pur, que peu de gens, il faut le croire, furent capables de le comprendre et de l'apprécier. Beulé rompit avec l'empire, le jour où les droits et les privilèges de l'Académie des beaux-arts furent méconnus et sacrifiés. Il s'identifiait tellement avec l'Académie, dont il était le représentant et le défenseur, qu'après en avoir vainement plaidé la cause, il se considéra comme solidaire de l'outrage fait à sa Compagnie et se retira sous sa tente. Combien en eussent fait autant? Après une altercation des plus vives avec le ministre des beaux-arts et le surintendant, comte de Niewerkerke, il cessa toute relation avec le monde officiel et se confina dans sa retraite et la citadelle de l'Institut. Son tort, hélas ! qui n'en a point? fut de venger l'Académie outre mesure. Pour laver l'injure faite à sa Compagnie, il se montra plus cruel que de raison.

Le dépit du savant et de l'académicien prit les proportions d'une haine politique. N'était-ce pas excessif, en vérité, et bien inutile? Je me souviens d'une conversation qui eut lieu devant moi, au sortir d'une des premières leçons faites par l'académicien ulcéré, après sa rupture avec les Tuileries. Pour la première fois, il venait de tenter l'allusion ; son public, ivre de joie, l'avait accueilli par des salves d'applaudissements.

« — Ah ! prenez-y garde, lui dit, en sortant du cours, le vieil ami qui nous accompagnait, ne vous laissez pas enivrer par ces mauvais triomphes trop faciles, vous le savez comme moi. Mon Dieu ! que vous a donc fait l'empire, pour que vous soyez si amer, mon pauvre Beulé ? A peine étiez-vous né sous le dernier régime. Cette irritation profonde, cette amertume, ces haines même, je les comprends, je les excuse, chez les hommes qui ont aimé et servi le roi et sont aujourd'hui systématiquement poursuivis ou au moins écartés. Mais vous ! pourquoi ce fiel ? Songez à votre avenir, à la grande situation qui vous est nécessairement réservée. Quelle folie d'épouser à ce point les querelles de votre Académie ! L'injure, en vérité, n'est point à la hauteur de la vengeance. Ne brûlez pas vos vaisseaux ; vous êtes fait pour servir votre pays et devenir un de ses bons ministres. Ne voyez-vous pas que M. Thiers et ses amis vous excitent ? A votre insu, vous êtes un instrument et vous servez des rancunes qui, celles-là, peuvent être légitimes. Ne vous y trompez point, vous êtes pour eux une précieuse conquête ; ils sont ravis d'enlever à l'empire un homme jeune, ardent, plein de talent et d'avenir, et dont la situation est en vue, pour en faire un irréconciliable. Ils sembleront, avec plus ou moins de franchise, vous ouvrir leurs bras ; mais ne vous y méprenez pas, vous ne serez jamais entièrement des leurs. »

Beulé n'écouta point ces conseils, il continua de se tenir à l'écart ; les salons de l'opposition libérale et royaliste l'attirèrent à eux ; là, ses goûts de lettré, de savant, d'artiste, y trouvèrent, à vrai dire, satisfaction ; car il ne faut pas se dissimuler que, sous l'empire, les cercles de l'opposition orléaniste ne fussent composés des esprits les plus distingués. On faisait, il est vrai, de la politique en chambre ; mais comment en faire autrement ? L'allusion était la grande arme, la seule dont un galant homme pût se servir ; on la retrouvait partout, dans le journal, dans la revue, dans les cours et surtout à l'Académie française. Cette opposition en gants blancs, cette fronde faite de dédain et d'impertinence donnait à ses adeptes une auréole d'indépendance, un certain parfum d'élégance et de bon ton.

Que plus d'un niais, que plus d'un fat ait fait

partie de ce cénacle, ceci n'est pas à approfondir ; parfois aussi le cénacle donnait asile — mais, il faut le dire à sa louange, avec une extrême circonspection — à quelques épaves de l'empire, à certains mécontents, déçus, froissés et endoloris.

Beulé fut une des recrues les plus importantes que fit le cercle monarchique et libéral à cette époque, et encore le jeune savant fut-il loin d'être exclusif. Il ne renia, en effet, aucune des vraies amitiés qu'il s'était acquises dans le monde officiel. Sa retraite, néanmoins, fut très sensible au gouvernement. Les hommes de la valeur de Beulé y étaient rares, comme partout ailleurs. De là, sans doute, la rage exhalée contre lui, la vertueuse indignation de fonctionnaires et de courtisans criant à la trahison, à l'ingratitude ! La chose est vraiment plaisante.

Beulé naquit à Saumur en 1826. Il commença son instruction au petit collège de sa ville natale ; il fut, à neuf ans, envoyé à Paris, au collège Rollin. C'est là que je le connus ; il était de quelques années mon aîné, mais qui de nous ne se souvient encore de lui ? Toujours le premier dans sa classe, gai, plein d'entrain, aussi passionné au jeu qu'au travail et très indépendant de caractère, il était aimé par tous. On sentait en lui une nature supérieure, et la sympathie qu'il inspirait empêchait ses rivaux de trop envier ses succès.

Personne n'ignorait que le petit Angevin avait sa situation à faire et que, plus que tout autre, il devait travailler. Sa famille habitait constamment la province; aussi notre camarade sortait-il, le plus souvent, chez des amis; chacun voulait l'avoir.

Toutes ses affections étaient concentrées sur sa mère, femme de grand mérite, courageuse, ardente comme son fils et qui l'adorait. On savait vaguement, comme on sait au collège, que l'existence de madame Beulé, après des revers de fortune, était une suite d'épreuves, de dévouements et de sacrifices. Tout enfants que nous étions, nous avions compris que de grandes douleurs avaient dû traverser cette vie, et l'affection singulière qui unissait le fils et la mère excitait notre respect! Ses visites au collège étaient rares; aussi avec quelle impatience étaient-elles attendues par tous les deux. Lorsque madame Beulé était aperçue dans les cours d'entrée, chacun d'accourir et de crier : « Beulé, Beulé, voici ta mère! »

Au milieu des groupes de mères élégantes et d'enfants babillards qui encombraient le parloir du collège, on voyait alors, dans un coin reculé, une femme, jolie et vêtue de noir; auprès d'elle un enfant maigre, chétif, au front intelligent, à l'œil brillant, qui entourait de ses bras, et sans dire une parole, la jeune femme qui pleurait. Comme elle le dévorait ensuite du regard, la pauvre mère! comme elle en était orgueilleuse, de ce fils bien-aimé! Jamais un reproche à lui adresser; à peine lui fallait-il quelques conseils. Plus recueilli, plus grave qu'on ne l'est d'ordinaire à son âge, le collégien semblait comprendre que sa mère avait besoin de lui.

Chaque année, au mois d'août, le plus chargé de couronnes, c'était Beulé; son nom était inscrit en lettres d'or, comme lauréat du grand concours. Une année, à la distribution des prix, personne ne répondit à ce nom si souvent répété. A la suite d'excès de travail, le studieux élève était tombé dangereusement malade, atteint d'une fièvre cérébrale.

Après le collège, l'École normale, puis la petite chaire au lycée de Moulins, enfin l'École d'Athènes. Là s'écoulèrent ses plus heureuses, ses meilleures années. La vie est bonne à vingt-deux ans, avec l'avenir devant soi : peu de souci du présent, des études attrayantes, des recherches couronnées de succès, et ces jouissances indicibles que donne le travail qui plaît; tout cela, sous le ciel de l'Attique, au bord de cette mer charmante, peuplée de souvenirs, à laquelle il avait si souvent rêvé.

Après la Grèce, Paris, où l'attendait, dans le monde savant, une célébrité, presque une gloire. L' « heureux » Beulé, en effet, sentait sous ses pieds le sol se raffermir ; il prenait possession de la vie en maître ; sa mère, qui par lui n'avait eu que bonheur, allait bientôt saluer en son fils un jeune triomphateur.

C'est en 1853 que M. Beulé publia l'*Acropole*, œuvre remarquable et attachante, qui fixa sur son nom l'attention de l'Europe savante. Peu de temps après, parurent les *Études sur le Péloponèse*. Il fut nommé professeur suppléant, puis professeur titulaire à la chaire d'archéologie de la Bibliothèque impériale en 1857. Peu de temps après, il succéda, à l'Académie des inscriptions et belles-lettres, à M. Lenormant, et enfin fut élu secrétaire perpétuel de l'Académie des beaux-arts, en remplacement de Halévy (1862).

Les services que M. Beulé a rendus à l'Académie des beaux-arts ne s'effaceront jamais de la mémoire des artistes. C'est pour défendre leur cause qu'il s'attira la haine puissante de tout un parti ; il faut ajouter que ceux pour qui il se sacrifia en ont gardé une profonde reconnaissance.

Nature fine, délicate, éminemment douée, éprise du beau sous toutes ses formes, il sentait très vivement et exprimait ses impressions avec une netteté sévère et une éloquence chaleureuse. Observateur très profond et critique ingénieux, il avait néanmoins une grande bienveillance et ses jugements étaient empreints d'une singulière sagacité.

Sous des dehors graves, froids, un peu secs même, il cachait une grande sensibilité; son cœur toutefois n'était pas banal, mais ceux auxquels il le donnait n'étaient jamais abandonnés par lui. Il a conservé jusqu'au dernier jour tous ses amis d'enfance et d'école. Les paroles émues que prononçait sur sa tombe M. Girard, l'un de ses plus fidèles camarades, prouvent combien il portait de chaleur et de sûreté dans ses affections.

Ses collègues de l'Académie des beaux-arts avaient grande confiance dans ses conseils et dans ses appréciations.

En peinture, en musique, il n'y avait point de juge plus éclairé et plus sûr. « Vous auriez dû naître au temps de la Renaissance, lui disait un jour quelqu'un; avec votre enthousiasme, votre amour pour les grandes et nobles choses de l'art, votre goût délicat, votre indépendance, vous êtes déplacé dans notre siècle, mon cher Beulé. »

L'Académie des beaux-arts, composée de talents recrutés dans des milieux si divers, avait peu de cohésion. Elle était loin de former, comme l'Académie française, un faisceau, une force réelle, une puissance. Beulé, devenant son directeur et son secrétaire perpétuel, réunit ces éléments épars et, grâce à lui, cette Compagnie formée de ce que l'art français a de plus illustre, devint, elle aussi, une autorité dont le crédit se fit sentir même auprès du gouvernement.

« Avant Beulé, disait un jour M. de Montalembert, nous ne comptions guère avec l'Académie des beaux-arts ! »

Les éloges que M. Beulé, en qualité de secrétaire perpétuel de l'Académie des beaux-arts, a prononcés en séance publique de l'Institut réuni, resteront comme un des plus précieux et des plus intéressants monuments de l'histoire de l'art contemporain. Les oraisons funèbres de Rossini, Meyerbeer, Flandrin, Hittorff, Schnetz, Duban, Halévy, Duret, Ingres, Horace Vernet sont des modèles de style.

Je me souviens toujours d'un de ces dîners intimes au Palais-Mazarin, où notre ami avait coutume de réunir des artistes, des lettrés, des hommes politiques.

L'excellent M. Schnetz, le vieux et légendaire directeur de l'Académie de France à Rome, était auprès du maître de la maison.

— Eh! mon cher Beulé, j'ai un grand service à vous demander.

— Lequel, cher maître? fit Beulé.

— Vous devez bien avoir tout prêt, dans vos cartons, ce que vous direz de moi après ma mort. Montrez-moi, en confidence, je vous en conjure, mon oraison funèbre; je serais curieux de savoir comment vous chantez ma gloire et ce que vous dites pour démontrer que j'étais un grand homme! Eh! eh! ne savez-vous pas, cher Beulé, que, parmi les honneurs et les privilèges dont nous jouissons, nous autres académiciens, ce n'est pas le plus mince que celui d'être certains que, après notre mort, nous serons loués par vous ?

Dès que les événements le lui permirent, Beulé s'affirma hautement comme le champion de l'art dans nos assemblées politiques. Personne n'a oublié cet éloquent plaidoyer en faveur de l'Opéra, prononcé par lui à l'Assemblée de Versailles, le 20 mars 1872, et le retentissement qu'il eût.

M. Beulé passa à Rome une partie de l'année 1865.

Il vint s'établir avec sa femme et ses enfants dans un appartement du Corso, où il vécut durant six mois de cette vie pleine et recueillie de la ville éternelle, si chère au savant, à l'artiste, à l'observateur. Nous le rencontrions, chaque jour, à l'ambassade de

France, dans les salons romains et surtout à la *Villa Médicis,* chez le bon directeur de l'Académie de France, M. Schnetz. C'était là qu'il venait sans cesse, après ses excursions et promenades archéologiques, heureux de se trouver au milieu de nos jeunes artistes. Simple, affable pour tous, il visitait les ateliers, donnant à chacun un encouragement, un conseil. Il n'est aucun des pensionnaires de l'Académie de France à Rome qui n'ait conservé du séjour de M. Beulé le meilleur souvenir[1].

1. Je retrouve, dans le journal que j'écrivais à Rome à cette époque, un assez curieux portrait de Beulé, tracé par lui-même au moyen de réponses faites à une série de questions, à la date du 20 décembre 1865. Les voici : « Quel poète préférez-vous ? Homère. — Quel orateur ? Bossuet. — Quels peintres ? Michel-Ange et Ingres. — Quel tableau ? *La Transfiguration.* — Quelle statue ? *Thésée.* — Quelle occupation ? Ne rien faire. — Quel plaisir ? Les voyages. — Quelle passion ? Celle qui ne finit jamais... — Quel pays ? Le pays du soleil. — Quel gouvernement ? Celui qui me respecte. — Quelle saison ? Le printemps. — Quelle couleur ? Le rouge. — Quel parfum ? Tous. — Quel caractère ? Indépendant. — Quelle fleur ? Celle qui vous plaira. — Quelle distraction ? La musique. — Quelle musique ? La musique allemande. — Quelle sensation ? Le toucher. — Quelle vertu ? La plus facile. — Quel animal sympathique ? Le chien. — Quel animal antipathique ? L'hypocrite. — Quel sentiment ? L'honneur. — Quel antipathie ? La bassesse. — Quel personnage ancien le plus sympathique ? Périclès. — Quel personnage moderne le plus

M. Beulé fut appelé au ministère de l'intérieur le 24 mai 1874, lorsque la présidence de la République passa, par un vote de l'Assemblée, des mains de M. Thiers dans celles du maréchal de Mac-Mahon.

Le monde politique et le monde savant, beaucoup plus que le public, connaissaient le nom du nouveau ministre. Sa nomination au ministère de l'instruction publique n'eût surpris personne, — pendant deux sessions, en effet, il avait été rapporteur du budget de ce ministère, — tandis que son entrée au ministère de l'intérieur étonna, et, il faut aussi le dire, attrista plus d'un de ses amis.

Je le vis, à Versailles, le jour même où il fut nommé ; il ne me cacha pas combien il était effrayé de la responsabilité qui allait peser sur lui, et ne me laissa point ignorer qu'il eût plutôt désiré un autre portefeuille. C'était seulement devant les instances pressantes du Maréchal et du duc de Broglie qu'il avait accepté ce lourd fardeau. Il me pria de lui dire en toute franchise quelle impression produisait son

sympathique? M. Guizot. — Quel personnage le plus antipathique? M. Caméléon. — Quel livre préféré? La Nature. »

Interrogé sur les trois souhaits qu'il pourrait former, il répondit: « Santé de l'esprit. — *Mourir à temps.* — N'en point former. » — A la suite de l'interrogatoire, il écrivit de sa main ces mots : « Marcher toujours droit! » et signa : « BEULÉ. »

nom dans le public. « On prétend, lui dis-je, que le nouveau chef du cabinet, le duc de Broglie, t'a choisi et désigné, afin d'avoir auprès de lui un ministre absolument dévoué et fidèle, sans se dissimuler que cedit ministre allait assumer sur lui la tâche la plus rude, la plus pénible, la plus impopulaire. »

Les événements ne trompèrent point ces prévisions. M. Beulé fut à la hauteur de la tâche, mais il y succomba. L'homme d'État, sans être sceptique, doit savoir, surtout dans les jours de crise, se dégager de toute passion, étouffer ses sentiments personnels. Pour la bien servir, il doit se garder de s'identifier d'une manière absolue avec la cause qu'il est appelé à défendre. En montant à la tribune, l'orateur, le ministre surtout, doit dépouiller l'homme. Pour réussir, il doit bien se pénétrer qu'il joue un rôle : dans les plus grands élans, il doit se posséder et ne jamais abandonner son sang-froid. Les acteurs les plus grands, les plus applaudis de notre siècle ont, sur des scènes différentes, employé les mêmes moyens. Croit-on que Berryer, Guizot, Lamartine, Rachel, Thiers, seraient jamais arrivés aux effets qu'ils ont atteints, s'ils n'étaient restés maîtres d'eux-mêmes, — sans le laisser voir, il est vrai ?

Les luttes de tribune furent fatales au jeune ministre. Son tempérament nerveux, sa nature passionnée, beaucoup trop ardente et impressionnable, ne pouvaient se plier à jouer un rôle. Les six mois qu'il passa au ministère furent les plus pénibles de sa vie. Sans parler des attaques et des calomnies que la haine et la jalousie, plus encore que l'esprit de parti, déchaînèrent contre sa personne, les préoccupations de chaque heure, les perfidies des uns, les exigences des autres, épuisèrent ses forces et développèrent la maladie mortelle dont il était atteint. S'il avait mis, dans l'accomplissement de son devoir, moins de conscience et moins d'ardeur, il n'eût point succombé. Si, au lieu de l'appeler aux dures fonctions de ministre de l'intérieur, le duc de Broglie lui avait réservé le portefeuille de l'instruction publique et des beaux-arts, Beulé vivrait encore et pourrait consacrer à son pays ses facultés puissantes, avec ce dévouement sans bornes, cette rare abnégation dont il fut victime.

L'amour pour son pays, en effet, il le portait à l'extrême : il aimait la France par-dessus tout, souffrait de ses blessures, de ses fautes, comme d'une douleur personnelle. Après la Commune, il habitait une petite villa isolée dans un faubourg de Versailles; c'est là que je le revis. Combien de fois, sortant de l'Assemblée, revint-il sombre, découragé! Une pensée unique, celle de son pays, l'absorbait. Il était

triste comme s'il eût perdu une personne aimée.
J'ai rencontré peu de gens réservant à leur pays une
place si importante dans leurs affections ; Beulé eût
été capable de tous les sacrifices : sa fortune, sa
famille, sa vie, il les eût, sans hésiter, données pour
son pays.

Pendant la guerre de 1871, il se trouvait en province ; c'est alors que cette activité, ce dévouement infatigable qu'il ne pouvait dépenser plus utilement, furent mis au service de la charité. Il organisa le service des ambulances et des hôpitaux de l'Anjou et de la Bretagne. « Grâce à lui, disait l'évêque d'Angers, dans aucune province, nos blessés ne furent mieux secourus. »

Beulé quitta le ministère volontairement. Ce fut après un succès oratoire, un triomphe véritable, qu'il se retira, malgré les instances réitérées et très vives du chef de l'État; de ceci nous avons la certitude. Le portefeuille qu'il avait ambitionné jadis et qui eût satisfait si pleinement ses goûts et ses aptitudes de lettré et d'artiste lui fut offert. Il refusa, et cet acte de dignité et de délicatesse fut interprété par les honnêtes gens comme il devait l'être. Loin de chercher à créer des embarras au cabinet dont il venait de se séparer, il lui donna son concours et son appui les plus sincères, et c'est avec plaisir que nous avons entendu M. de Broglie le reconnaître.

Quels que soient les qualités, le génie même d'un homme, cet homme ne saurait s'improviser homme d'État ou grand administrateur : un apprentissage est nécessaire. Les six mois passés par M. Beulé au ministère avaient été pour lui une rude et forte école. Au moment où il abandonna le pouvoir, ses facultés avaient notablement grandi; il était plus maître de lui-même et avait appris à dominer ses impressions. Son rôle politique était loin d'être terminé. Quel que dût être le sort de la France, M. Beulé aurait tenu une grande place dans le pays. Les caractères, chez nous, sont plus rares que les intelligences; c'est pourquoi l'impopularité qui s'était attachée au nom de M. Beulé le rehaussait aux yeux des hommes de valeur et des honnêtes gens.

Simple député à l'Assemblée nationale et membre de l'Institut, M. Beulé a reçu, après sa mort, des honneurs que pourraient envier de plus puissants et de plus illustres. Ce n'était pas au personnage politique d'hier, mais à l'homme seul que ces hommages furent rendus. Les amis des jours heureux, les savants et les artistes, ceux-là même qu'il se réjouissait tant de retrouver après la tempête, marchaient au premier rang. Dans la foule d'hommes politiques, d'académiciens, de noms connus et de gens obscurs, si plus d'un cœur était serré, si plus d'une larme est tombée furtive, c'est qu'à cette heure suprême, parmi ceux qui suivaient les dépouilles de l'ancien ministre, ceux-là songeaient au cœur chaleureux et dévoué, à l'homme généreux et bon qui savait obliger avec tant de simplicité et faire le bien sans le dire.

Quatre discours furent prononcés sur sa tombe. Tandis qu'on retraçait les succès, les luttes et les triomphes amers de cette vie courte et pleine, je regardais un groupe qui sanglotait au bord de la fosse : c'étaient ses deux jeunes fils, accompagnés par la sœur de leur père, religieuse de Saint-Vincent-de-Paul. Mes yeux, en même temps, étaient fixés malgré moi sur la grande dalle de pierre qui allait fermer la tombe. Cependant, ma pensée était ailleurs : je me croyais transporté par un rêve au bord de la mer Égéenne, sur cette colline sacrée de l'Acropole ; comme il y a dix ans, j'étais devant la dalle glorieuse, scellée avec des crampons de fer dans le roc, et je lisais l'inscription laconique gravée en grec dans le marbre :

« La France a découvert la porte de l'Acropole, les murs, les tours et l'escalier. 1853. Beulé. »

CONVERSATIONS

AVEC M. DE ROCHEFORT

I

Paris, mercredi 1ᵉʳ mars 1881.

Reçu hier soir un mot de mon vieux camarade de collège, le peintre Manet. Il m'avertit que Rochefort doit venir dans la journée, chez lui, poser pour son portrait, et il ajoute que je lui ferais grand plaisir, en venant bavarder avec son modèle. J'étais donc, à trois heures, 77, rue d'Amsterdam [1].

L'atelier de Manet, le chef de cette école qu'on appelait autrefois le *réalisme*, n'a rien de luxueux,

---

1. Ces notes parurent dans le Figaro (sept. 1881) précédées des lignes suivantes : « Notre ami et collaborateur intermittent, M. le comte d'Ideville, a l'habitude de consigner chaque soir, sur un livre *ad hoc*, ses rencontres, ses causeries, et ses observations de la journée. Telle est la source à laquelle nous devons déjà le curieux *Journal d'un Diplomate*, en Italie, à Dresde et à

ni d'élégant, ni même de confortable. Quelques études pendues au mur, des chaises, un vaste divan, de grands tableaux retournés, au fond de l'atelier, des chevalets, voilà tout! — Les boudoirs-ateliers de nos jeunes peintres millionnaires de l'avenue de Villiers, encombrés d'objets d'art et de meubles précieux, aux murailles cachées sous les riches étoffes, les armes et les tapisseries ressemblent peu à la grande salle dénudée où mon ami Manet exécute si sincèrement sa peinture.

Deux messieurs étaient debout derrière le chevalet du maître; une jeune femme assise auprès de lui semblait suivre attentivement le travail et s'intéresser particulièrement à la ressemblance du modèle. Rochefort, sur un escabeau à quelques pas du peintre, posait immobile, la tête droite, les bras croisés. — Manet me nomma à son modèle. Celui-ci voulut bien me dire que mon nom ne lui était pas inconnu. Ne sachant quelles étaient les deux personnes qui se trouvaient avec nous dans l'atelier, je les pris, au premier abord, pour des amis de la

---

Athènes, et à laquelle nous devrons tôt ou tard de fort piquants mémoires, dont diverses publications nous ont donné l'avant-goût. M. d'Ideville a bien voulu détacher pour nous, d'un de ses carnets, les curieux récits que voici et auquel le voyage solennel de M. Gambetta à Tours donne une piquante actualité.

13.

suite de Rochefort. Je m'étais trompé : c'étaient de simples connaissances de Manet, des visiteurs de rencontre.

La dernière fois que j'avais vu M. de Rochefort, c'était, en 1869, a la Chambre des députés. Je ne l'avais pas aperçu depuis. Sa physionomie à beaucoup changé. L'œil est toujours vif, ardent, inquiet; la pommette saillante; la bouche pincée, presque sans apparence de lèvres. Toutefois, la face a pris de l'embonpoint, ainsi que le corps qui n'est point grêle, comme jadis. Le fond du teint est pâle, d'une pâleur moins mate, moins livide qu'autrefois. La chevelure est très singulière : c'est une haute et épaisse forêt de cheveux touffus, grisonnants, qui s'élève sur la tête, et, par instants, paraît poudrée. L'arcade sourcilière est profonde. Une petite moustache presque noire cache la bouche. Le menton, d'une forme assez belle, indique une singulière résolution. Des marques abondantes de petite vérole sont parsemées sur le visage. Rochefort était tout de noir vêtu, et sa vaste redingote n'avait, dans la coupe, rien de révolutionnaire non plus que de très raffiné.

La conversation ne tarda pas à devenir familière, animée et presque intime.

Après avoir adressé quelques mots au « grand agitateur », sur sa personnalité puissante, faisant allusion à ses aventures légendaires, je me crus quitte d'autres compliments et nous causâmes à cœur ouvert.

La conversation tomba vite sur le héros du moment, l'ennemi Gambetta, et sur le jeune M. Reinach. Ce dernier, quelques jours auparavant, avait failli se rencontrer avec Rochefort, précisément dans l'atelier de mon ami Manet, lequel nous conta fort gaiement l'aventure et l'embarras du visiteur. « J'aurais été enchanté, quant à moi, nous dit Rochefort, de le voir, cet excellent jeune homme! Je l'aurais supplié froidement de m'expliquer comment était tombée ma lettre aux mains de Gambetta. Je le sais, d'ailleurs, par madame Adam, que j'aime et que je vois beaucoup! Elle-même m'a avoué ceci: qu'elle tenait d'une personne très sûre que le papier en question avait été remis en mains propres, comme cadeau, à Gambetta, par l'avocat Joly, au moment où ce dernier voulait devenir député de Versailles! »

Rochefort nous répéta alors, dans de grands détails, ce qu'il avait raconté à ses lecteurs de *l'Intransigeant*, au sujet de ce document, de cette minute dont Gambetta avait si étrangement abusé! Ce récit, fait très clairement, sans colère, me frappa beaucoup par son accent de vraisemblance et de sincérité.

« — Si la lettre avait été réellement remise par moi à Gambetta dans ce moment suprême, pourquoi l'aurais-je désavouée? Mes relations avec le député de Paris, avec mon collègue de la Défense nationale, qui se disait mon obligé, et qui l'était, ne m'autorisaient-elles pas à lui parler ainsi, la veille d'être fusillé! — Le rôle du jeune Reinach est odieux et ridicule, ajouta-t-il. La rage, l'hystérie de la notoriété précoce, lui a tourné la tête. Aujourd'hui, dit-on, il se défend et semble fort étonné du tapage qu'ont fait ses articles commandés. »

On parla ensuite du scrutin de liste. — « Il est bien compromis par le discours récent de Gambetta à la Chambre, ajouta Rochefort. Quand on songe que cet homme a osé se défendre de se mêler de notre politique intérieure et de diriger les ministres. C'est trop d'audace! — J'assistais à cette séance, et vraiment je ne comprends pas qu'un député quelconque de la droite, ne se soit pas levé et n'ait interrompu l'orateur par ces simples mots : « Vous êtes, » Monsieur, un impudent menteur. » — C'était la seule réponse à lui faire. »

Peu à peu, je voyais l'ancien exilé s'échauffer et en même temps sa haine contre Gambetta s'exhaler sans contrainte, sous une forme pittoresque, avec une étonnante vigueur et un esprit endiablé. Il s'exprimait et gesticulait fiévreusement, arpentant l'atelier. Il songeait fort peu, en cet instant, à poser devant son peintre !

« — Vous ne sauriez vous imaginer, continua-t-il en parlant de Gambetta, le côté vulgaire, grossier, débraillé de ce tempérament. Son physique ressemble à son moral : chez lui, le laisser aller, le sans-gêne est un calcul, un procédé. Je me souviens de nos séances du Gouvernement pendant le siège de Paris. Il arrivait régulièrement à l'hôtel de ville avec une chemise noire et les mains douteuses ; le patriotisme ne l'exigeait pas absolument ! Il affectait, pendant les discussions, de marcher en se balançant, les mains dans les poches, le dos voûté, et répondait aux questions de ses collègues avec un ton vulgaire et une brutalité préméditée. L'attitude et la physionomie de notre collègue le général Trochu, d'une correction irréprochable, formaient alors un amusant contraste avec ce maintien. — Né dans une boutique d'épicier, l'éducation première lui fait défaut. Il n'a ni tact, ni retenue, ni politesse. De plus, insolent et despote pour son entourage, il les méprise tous, d'ailleurs, et a fortement raison de les mépriser. Cette troupe de flatteurs le trahit à qui mieux mieux ; il ne l'ignore pas.

» Dernièrement, dans mon journal, je faisais allusion à certains détails, très circonstanciés, concernant des affaires financières... En lisant cette révélation, sa fureur n'eut pas de bornes. Il s'est écrié, paraît-il : « Je suis trahi par tous ces b..... ; il » ne me reste qu'à faire maison nette et à les chasser » tous. »

» Enfin! continua Rochefort, nous allons bientôt assister à une nouvelle incarnation, et voir le bonhomme aux prises avec des difficultés. Le voilà touché au vif, cette fois! Si le scrutin de liste lui échappe, je le considère comme perdu. Sinon, il est nommé par cinquante départements, et nous avons une féroce dictature et la guerre, le lendemain! — Savez-vous surtout pourquoi je le hais, cet homme? c'est parce que c'est un étranger, un Génois, et que je me sens humilié de voir un tel individu prendre notre pays à la gorge et nous gouverner comme s'il en avait le droit!

» Tous deux, vous et moi, M. d'Ideville, sommes placés, en politique, aux pôles extrêmes. Nous n'avons aucun point de contact, sauf un seul : nous sommes tous deux Français, et tous deux aimons notre vieux sol! Ce pays est nôtre : nos pères et nos fils y sont nés; il nous appartient, comme nous lui appartenons! Eh bien, n'est-il point dégradant d'être à la merci d'un étranger, d'un ennemi de notre race! Quelles raisons a-t-il de croire à la République, cet aventurier ? Est-ce qu'il peut aimer la France, est-ce qu'il la peut servir, cet Italien ? »

Puis on parla de l'armée, des généraux, des chances problématiques de guerre. Rochefort s'exprima sur le général de Galliffet en termes amers et sans déguiser sa pensée. « Il est violent, dit-il, et sanguinaire. » Je me permis de vouloir défendre le général; mais M. de Rochefort me coupa la parole :

« — Rien de plus plaisant, dit-il, que de voir Gambetta se frotter à lui. Il le choie, il le prend au sérieux, ébahi, comme un laquais devant un grand seigneur. Il est tout fier de cette connaissance; il se rengorge de monter dans sa voiture comme dans les carrosses du Roi, et surtout d'être admis dans son intimité. Bref, il a toutes les faiblesses, petitesses et bassesses du parvenu, ce triple Génois!

» Quant à notre armée, elle est perdue. Plus de sous-officiers, plus de soldats! Le pays, d'ailleurs, ne veut de guerre à aucun prix. Pour qui donc, la guerre? et pourquoi ? Seul, Gambetta la désire, pour lui et à son profit personnel. Or la France, qui devine ses appétits et ses convoitises, en repousse l'idée avec colère, et la France a mille fois raison!

» En vérité, se faire tuer pour M. Gambetta et afin

de conserver le pouvoir à ses créatures, me paraît exagéré. Ce n'est point humainement possible! Voyez-vous d'ici nos enfants massacrés au nom d'un Constans ou d'un Farre! Ce n'est pas sérieux!

» Quant au président Grévy, celui-là est un malin, un rusé égoïste qui se tait et profite de toutes les fautes, de toutes les maladresses de son ennemi le hâbleur! Ne voulant rien faire, ni rien dire, il s'acquitte fort bien de sa mission. Son seul rôle consiste à attendre. Il fera son temps, croyez-moi, et sera réélu pour sept ans. C'est lui qui acclimatera la République, si la République doit durer. Avec Gambetta, elle disparaît infailliblement. Ce dernier au pouvoir, surgit aussitôt une dictature jacobine, hybride, révoltante, qui sombrera fatalement dans la monarchie.

» Je ne m'étonne point, Monsieur, que vos préférences soient pour Gambetta et que vous trouviez au Génois certains côtés artistes et quelque grandeur dans le tempérament et le caractère! Parbleu! Si presque tous les royalistes ont un penchant pour Gambetta, c'est qu'ils ont le pressentiment et la conviction que celui-là étranglera la République. Eh bien, c'est cette raison qui me fait exécrer le personnage, et vous ne sauriez vous en étonner! Voilà aussi pourquoi — ce qui vous surprendra peut-être — je forme les vœux les plus ardents pour M. Grévy ! Celui-là apprivoisera les Français à la République. De bourgeoise, d'étroite, d'orléaniste qu'elle est, elle arrivera, malgré lui, à être sérieuse, républicaine et radicale, et mes amis auront fatalement leur jour. Avec Gambetta, elle est perdue ! »

. . . .

En somme, cette conversation, quelque intéressante qu'elle fût, m'a péniblement affecté. Hélas ! que de haine, que de violence dans l'âme de nos républicains ! Rochefort, le démocrate trahi, vaincu, terrassé, exhale avec amertume toute sa colère contre son ancien ami le républicain Gambetta, triomphant, en pleine possession du pouvoir et de la fortune. — Demain, s'il nous était donné d'entendre M. Gambetta s'exprimer sur son ennemi, avec quel arrogant mépris l'ex-dictateur écraserait son complice de la veille ! — Quant à moi qui n'ai d'autres raisons que des raisons politiques pour maudire ces deux hommes, que je crois fatals à mon pays, je n'éprouve pour eux aucune haine : je les plains également l'un et l'autre du plus profond du cœur — et c'est tout !

II

Décembre 1883.

Hier matin, je me trouvais chez Rochefort. C'était le lendemain des obsèques de Louis Blanc et de Lachaud. Nous parlions des deux défunts : « Voici une lettre fort aimable que je reçois de M. Georges Lachaud », dit Rochefort en me montrant la réponse du fils du célèbre avocat à l'article bienveillant et ému paru dans *l'Intransigeant,* la veille. — « Ma foi, ajouta-t-il, passant à l'autre mort, j'ai négligé d'aller à l'enterrement de Louis Blanc. C'était une cérémonie officielle ; je ne suis pas du monde officiel, moi ! Et puis Louis Blanc dont l'unique mérite, la seule gloire, entre nous, sera d'avoir écrit l'*Histoire de dix ans,* m'a joué jadis un tour que je ne peux oublier. Arrivés à l'Assemblée de Bordeaux, après le siège de Paris, nous étions convenus de donner ensemble notre démission. Il me laissa commencer et se garda bien ensuite de remettre la sienne. Il y a toujours eu en lui un côté finassier de Corse : je n'aime point ces gens-là ! »

Après avoir longuement causé du « gros blessé par amour » de Ville-d'Avray, héros tout à fait démodé et sur lequel il s'apitoie peu, Rochefort me fit les honneurs de ses acquisitions nouvelles.

Chacun sait que le « grand agitateur », comme on dit en Angleterre, est très friand de peinture et qu'il passe la plupart de ses journées à l'hôtel des ventes de la rue Drouot. C'est là qu'on le rencontre le plus souvent, pendant l'hiver. Les goûts artistiques de Rochefort datent de fort loin. « J'ai toujours aimé les tableaux, me disait-il ; j'en ai acheté, dès que j'ai eu quelque argent à ma disposition. Depuis deux ans, je remonte un peu mon établissement, maintenant que je mène la vie calme et rangée d'un notaire. Hélas ! quand j'y pense, que d'installations dans mon existence passablement agitée, depuis Paris, Bruxelles, Londres, Versailles, Nouméa, Genève ! Que de marmites renversées !

» En attendant, venez voir mon Ingres, un Ingres authentique et de première main ! Savez-vous d'où il vient ? Il a appartenu au maréchal Bazaine, qui, lui aussi, a beaucoup aimé le bibelot, l'infortuné ! Ce tableau lui avait été vendu jadis, à la mort d'Ingres, par Haro, le petit expert, marchand de couleurs, de peinture, et trop millionnaire... Quant à Bazaine, la dernière fois que je rencontrai l'Homme de Metz, c'était à Bâle, il y a quelques années, dans une boutique de bric-à-brac. J'aperçus au fond du magasin un gros homme assez singulièrement accoutré en paysan vaudois. Le marchand m'apprit que c'était feu Bazaine, qui se déguisait ainsi pour éviter les regards. Voyez son imprudence ! Malgré lui, sa passion pour le bibelot le trahissait ; son incognito n'était un secret pour personne ! — Mais revenons à mon Ingres.

» N'est-ce pas qu'il est beau ? continua Rochefort, arrêté plein d'enthousiasme devant sa nouvelle acquisition. C'est une tête, non point d'étude, car elle est très faite ; mais quelle puissance et quel dessin ! »

En effet, cette tête de profil, rappelait beaucoup celle de l'*Œdipe* ; la figure est penchée, l'homme étant appuyé sur un bâton, que l'on aperçoit avec une partie de la main. C'est peu intéressant, mais la griffe du maître apparaît indiscutable.

« Mes rapports avec le père Ingres sont assez curieux, me dit Rochefort. Voici comment je l'ai connu. Je débutais au *Charivari*. Mon second article fut un éreintement sanglant de M. de Niewerkerke, surintendant des beaux-arts, à propos de ses restaurations insensées, idiotes, des chefs-d'œuvre de notre Musée. Je l'accusai de vandalisme éhonté, et lui reprochai, je dois le dire, avec quelque vivacité, de travailler par ses nettoyages à détruire nos

Titien et nos Rubens. Le lendemain, le journal reçoit une assignation : grand émoi ! Le bon père Huart, directeur du *Charivari,* homme doux et craintif regrettait singulièrement d'avoir fait en ma personne une aussi dangereuse recrue. J'étais assigné pour « outrages à un fonctionnaire public dans » l'exercice de ses fonctions ». Rien que cela !...

» Jugez de ma surprise, lorsque, le soir même, je reçois de M. Ingres, en personne, un mot chaleureux qui me félicitait d'avoir dénoncé un acte de sauvagerie et me priait de l'aller voir. Je courus, le matin, frapper à la porte de l'Institut, où demeurait le grand homme. Il était couché et me reçut néamoins ; je le vois encore dans un lit immense, se démenant comme un singe, excité et passionné plus qu'on ne le saurait le croire. Les lessivages et prétendues réparations de M. de Niewerkerke l'avaient en effet exaspéré. « Si on laisse faire cet homme, me dit-il, » nos chefs-d'œuvre du Louvre sont perdus. Il ne sait » rien, n'entend rien à l'art : voilà ce que l'Empereur » nous a donné ! Quand on songe qu'il fait nettoyer, » gratter et enlever le glacis des Rubens ! Il ignore » donc que Rubens, dans ses grands tableaux, les- » quels après avoir été esquissés par lui, étaient en- » tièrement peints par des élèves, se bornait à placer

» çà et là, quelques touches, quelques lumières. Grâce
» à votre surintendant, bientôt, de nos Rubens, il ne
» restera plus un seul coup de pinceau du maître.

» Vous avez fait preuve de goût, jeune homme, en
» signalant ces actes de vandale. Continuez à attaquer
» ces barbares, je vous soutiendrai. Ah! ils vous assi-
» gnent : eh bien, tant mieux, j'irai vous défendre
» au tribunal, moi! »

« En sortant de chez M. Ingres, reprit Rochefort, je me rendis chez le juge d'instruction. Là, à vrai dire, je tombai tout à fait de mon haut, lorsque ce magistrat, cravaté de blanc, me dit froidement qu'il partageait absolument ma manière de penser et qu'il blâmait vivement les procédés de restauration inaugurés par l'administration impériale. Absous à la fois par l'Institut et par la magistrature! Quel triomphe inattendu!

» Je ne sais si la colère de M. Ingres arriva jusqu'au cabinet du surintendant. Toujours est-il que la plainte fut retirée, et *le Charivari* n'entendit plus parler de M. de Niewerkerke. Les travaux de nettoyage en restèrent là, après une lettre célèbre publiée par le même M. Ingres dans les journaux du temps.

» Ah! vous regardez mon Goya, fit Rochefort

avec l'orgueil un peu goguenard de tout possesseur de chefs-d'œuvre. C'est ce que j'ai de plus beau, avouez-le. »

En effet, cette toile représentant un combat de taureaux est d'une hardiesse de composition, d'une fougue de ton merveilleuse qui rappelle les Delacroix. — C'est un vrai éblouissement et le Louvre, qui a des Courbet, ferait bien d'avoir un Goya semblable à celui de Rochefort.

« J'avais le pendant aussi beau, fit ce dernier ; j'ai eu la sottise et la naïveté de le céder pour rien à un monsieur de Genève. Quant à celui-là, je ne m'en déferai jamais ! »

L'inspection du petit salon de la cité Malesherbes fut bientôt terminée et j'allais me retirer, quand j'aperçus une esquisse ravissante d'un enfant endormi. C'était le portrait de la petite-fille du maître de la maison. Rochefort, en effet, est grand-père. Sa fille est mariée à un Génevois, peintre de talent. Les deux fils de Rochefort sont aujourd'hui des hommes ; l'un est élève très distingué de l'École centrale ; l'autre, soldat en Afrique, vient d'être désigné, pour accompagner au Congo l'explorateur M. de Brazza.

Dans cette visite artistique au marquis de Rochefort, j'allais oublier une pièce qui n'est pas la moins intéressante. C'est une terre cuite, grandeur nature qui n'est autre que la tête de Louis XV, à vingt ans, dauphin.

« Ceci est une trouvaille que j'ai faite à Versailles, l'an dernier, me dit Rochefort, dans un grenier du quartier Saint-Louis. N'est-ce pas ravissant ? c'est l'œuvre évidemment d'un grand artiste. On la croit de Coustou. Je l'ai achetée ainsi, sans socle, toute ronde. »

Et, en même temps, il saisissait l'objet pour me le mieux montrer. Rien de plus singulier que de voir Rochefort retournant, soupesant cette jolie tête royale, fragment exquis du XVIIIe siècle. Que de bourgeois surprenant l'infernal ennemi de l'absolutisme, jonglant ainsi avec la tête décapitée d'un roi, auraient frissonné, reculant d'épouvante, devant de sinistres rapprochements !

Fort heureusement nous sommes en république. Plus de roi, partant, plus d'échafaud. Ce sera seulement dans les premiers-Paris de *l'Intransigeant* que nous serons admis à voir Rochefort jongler avec la belle tête des ministres ou celle de M. Grévy.

LES DEUX JUSTICIERS.

Paris, 20 octobre 1881.

Au mois d'octobre dernier, il y a un an, je publiais un article intitulé *Garibaldi*, qui m'attira, je dois l'avouer, plus de critiques que de compliments. J'avais osé exprimer en toute franchise, sans passion, ma pensée sur cette étrange et curieuse physionomie. Je jugeais froidement le vieux condottière de soixante-quinze ans, mutilé, perclus, paralysé, presque moribond, agitant encore le monde et, dans son pays, possédant à l'heure présente assez de popularité pour faire échec au Roi, s'il lui en prenait la fantaisie, et soulever demain la guerre civile, de la litière où il agonise !

D'où vient ce prestige? me demandai-je. Cet homme,

quel est-il ? est-ce un formidable seigneur, un puissant génie, un politique aux vastes plans, une intelligence hors ligne, un poète géant? ou bien est-ce seulement un merveilleux comédien? — Rien de cela ! L'homme est un naïf, un crédule, un esprit faible, borné, presqu'un imbécile — un innocent, si vous préférez. — Mais quelle force mystérieuse est donc renfermée dans cet individu, pour qu'il puisse, à son gré, entraîner les peuples à sa remorque et lever, sur un signe, des bandes de guerriers ? — Vous voulez le savoir ? Eh bien, pour moi, Garibaldi est un héros, il possède cette autorité prodigieuse, il est revêtu de ce prestige irrésistible pour une seule raison : il est sincère, il a un but, il a une foi ! Puis, il faut bien le dire, cet aventurier absurde, ce casse-cou sans pondération, sans bon sens, sans esprit, aime démesurément son pays. Voilà pourquoi il éprouve une haine instinctive, irraisonnée, féroce, bestiale pour tout ce qu'il juge hostile à son indépendance, à sa liberté ! — Intrépide comme un lion, sobre, désintéressé, il a passé sa vie à guerroyer, nu et à la belle étoile. Les dangers, les fatigues, les luttes contre les éléments, les batailles ont été son unique ivresse. — Faut-il s'étonner qu'il soit légendaire? Sa vie entière explique cet entraînement, ce fanatisme qui, en Italie, a transformé Garibaldi en demi-dieu. Sauf, peut-être, le Piémontais froid, austère, plein de bon sens, pratique, il n'est point d'Italien qui ne soit persuadé que Garibaldi personnifie exclusivement le vrai patriotisme. Sa bravoure, sa sobriété, son détachement de toute chose, sa simplicité, sa candeur ont placé autour de sa tête une auréole que rien ne pourra dissiper.

Il y a en effet, en lui, quelque chose de l'apôtre, de l'illuminé, du meneur de peuples. Sa face placide de vieux lion est bizarre; il n'est pas jusqu'à son accoutrement qui ne parle aux masses. Chez lui, toutefois, je n'hésite pas à le dire, rien d'affecté. Cet homme croit, dans la plénitude de sa conscience, accomplir une mission : les monarques, les prêtres, à ses yeux, sont les ennemis-nés, les bourreaux farouches de l'humanité. Aussi, ne prononce-t-il pas une phrase, n'écrit-il pas une ligne où n'éclate cette haine, cette horreur, qui tiennent de la monomanie et de la folie. Comme le taureau, lorsqu'il aperçoit le rouge, s'élance et ne distingue plus rien, de même Garibaldi, lorsqu'on lui parle des rois et des papes.

Tel était le sens général de mon étude sur Garibaldi, que je terminais par ces mots :

« En songeant à cette existence tourmentée et féconde, à ces miracles d'héroïsme désintéressé, de dévouement, d'audace, de fidélité et de foi, je me prends à souhaiter ardemment pour notre France à nous, un Garibaldi chrétien, un Garibaldi royaliste. »

Plus d'un lecteur s'émut de ce jugement. Cependant, peu de jours après la publication de l'article, quelle fut ma surprise, et je dois dire ma satisfaction, en lisant dans un des journaux les plus répandus d'Italie, *l'Unita cattolica*, un magnifique commentaire et une approbation de mon jugement sur Garibaldi. Seulement, le grand écrivain qui dirige ce journal a précisé et développé d'une façon grandiose l'idée que je n'avais fait qu'entrevoir.

« Comme jadis, écrivait-il, Attila se fit appeler le « fléau de Dieu », de même Garibaldi pourrait se faire dire le « fléau du Pape » (scudiscio del Papa). Le général a reçu, en effet, de la justice divine une mission qu'il ignore lui-même, et qu'il accomplit sans le savoir, la mission de flageller ceux qui ont dépouillé et persécuté l'Église. Jésus frappait de verges les profanateurs du temple sacré ; son vicaire voit aujourd'hui châtiés par le fouet de Garibaldi les profanateurs de la Rome papale. Le châtiment est sublime, approprié aux crimes commis et digne de ceux qui les ont perpétrés. Garibaldi a droit à notre respect, parce qu'il est le représentant des vengeances divines, étant en personne *virga furoris Domini*.

Aux spoliateurs de Pie IX, aux persécuteurs de Léon XIII, il fait payer la peine de leurs crimes, de même qu'autrefois la Russie fut le châtiment de Napoléon I*er*, et de nos jours la Prusse celui de Napoléon III. Voilà pourquoi, nous aussi le disons très haut : Garibaldi a reçu cette mission; il l'a reçue de la justice céleste et il a été laissé sur cette terre pour l'accomplir jusqu'au bout. On a vu disparaître de la scène du monde, les Cavour, les Bonaparte, les Walewski, les Rattazzi, les Morny et les Mazzini; seul, Garibaldi est demeuré, parce que Dieu a commandé qu'il fût[1] « la verge qui doit frapper l'échine » de ceux qui manquent de jugement » *Et virga in dorso ejus qui indiget corde.* »

En relisant tout à l'heure cette grande et mystique explication de la vie de Garibaldi, je me suis pris à réfléchir, et il m'a semblé découvrir qu'il existait, en France aussi, un homme qui, en ce moment, accomplissait inconsciemment, à son insu, une haute mission divine, servant, malgré lui, d'instrument entre les mains de Dieu! Henri Rochefort, à un autre degré et avec un caractère différent, n'est-il pas, lui aussi, « le fléau de Dieu », le fouet, la cravache dont

---

1. Garibaldi est mort en 1883.

la Providence se sert pour châtier les misérables et démasquer leurs desseins ?

Cet homme bizarre, étrange, qui porte au front je ne sais quel signe diabolique, est en même temps la personnification et l'incarnation saisissante de l'esprit français et de la verve parisienne. — Tempérament essentiellement impressionnable, nerveux, violent, passionné, il est par moment impitoyable et féroce. Généreux aussi et désintéressé, avec ce même côté honnête et naïf de Garibaldi, il n'a cessé, comme lui, de pousser l'audace jusqu'à la folie, insouciant toujours. On dirait qu'il marche dans la vie à travers des épreuves sans nom, au milieu des péripéties dignes de la tragédie antique, avec le calme, la sérénité, la force d'un envoyé de Dieu.

Quelle destinée fabuleuse, en effet, que celle de ce patricien déclassé, de ce vaudevilliste gentilhomme devenant, non seulement chef, idole de la populace, mais guide et précurseur de l'opinion de tout un peuple. N'est-ce pas ainsi qu'il est parvenu à terrasser, à l'aide de ses petits pamphlets, le gigantesque colosse d'un empire. Ce spectacle, notre génération l'a vu ! Elle a assisté à l'effondrement d'une dynastie, à la chute d'un puissant régime, qui, bafoué d'abord, s'écroula miné, rongé par le mépris, le sarcasme et les traits envenimés de l'infernal lanternier.

La formidable catastrophe dans laquelle, avec Napoléon III, sombra momentanément la France, n'a-t-elle point été l'expiation de nos fautes? Et, après la guerre, cette République, dont nous sommes encore frappés et souillés aujourd'hui, n'est-ce point le châtiment prolongé au delà de la mesure? Or, au milieu de nos douleurs, une lueur brille : l'homme qui avait reçu de Dieu la terrible charge de renverser, d'exécuter l'Empire est encore debout.

Si Dieu a permis que cet être singulier et sinistre échappât à des dangers inouïs et surhumains, s'il l'a préservé jusqu'ici contre mille morts, s'il l'a couvert, miraculeusement, de sa main protectrice, s'il lui permet enfin de confondre aujourd'hui ses ennemis, ses adversaires, ses complices, après en avoir vu la plupart disparaître dans le néant, depuis Napoléon III et son fils, jusqu'aux Thiers, aux Favre et aux Blanqui, c'est évidemment qu'il entre dans les vues du Seigneur de se servir de cet homme pour confondre et détruire les vendeurs qui souillent en ce moment le Temple.

Ceci tuera cela! Nous en avons la pleine confiance, nous en avons l'absolue certitude. A l'heure actuelle, Rochefort remplit son rôle et accomplit pas à pas l'œuvre, la tâche assignée par Dieu.

Devant les attaques, devant les révélations écrasantes de l'indomptable journaliste, les lâches gouvernants du jour pâlissent, se troublent et se contredisent. D'accusé, le voici devenu accusateur; au nom du peuple, au nom de la conscience révoltée, il sera juge, demain, peut-être ! Voilà pourquoi le puissant personnage qui passe pour le plus habile des républicains français, voilà pourquoi l'Italien Gambetta sur la tête duquel reposent les destinées de leur République, ouvre chaque matin, en tremblant, la petite feuille de Rochefort le Justicier !

De même que Garibaldi en Italie, Dieu a désigné, a suscité Rochefort en France pour châtier les peuples et ceux qui les conduisent. L'un a pour arme, l'épée; l'autre la plume. Si le vieux condottière survit à la plupart des chefs qui ont porté la main sur l'Église, s'il fait trembler le roitelet Humbert dans son Quirinal, le marquis des amnistiés, le roi écouté des Nouméens, demeure, lui aussi, debout sur la brèche, et peut demain, à sa guise, soulever les faubourgs frémissants. C'est à lui, à moins que ce ne soit à un autre... marquis, que la France repentante et régénérée devra sa délivrance, le jour où la poignée d'étrangers et de scélérats qui l'oppriment aura vidé notre vieux sol.

UN COLLOQUE ENTRE MARÉCHAUX.

18 novembre 1877.

Ceci se passait il y a peu de mois. Nous tenons le récit de seconde main; aussi ne pouvons nous certifier l'exactitude absolue des expressions. Toutefois, les curieux détails de l'entretien dont il s'agit nous ayant été rapportés presque dans les mêmes termes par différentes personnes, nous pouvons affirmer que le fait est vrai, et nous n'hésitons pas à commettre une indiscrétion — si indiscrétion il y a — en répétant ce qui, d'ailleurs, ne nous a été nullement confié sous le sceau du secret.

Dans le courant de janvier dernier, quelques jours après l'échec scandaleux et inattendu infligé par les électeurs sénatoriaux du Lot à leur compatriote le maréchal Canrobert, celui-ci rencontra dans le salon d'une ambassade M. le maréchal de Mac Mahon, président de la République. — Personne n'ignore que les relations du maréchal Canrobert, doyen des maréchaux de France, avec son collègue le maréchal de Mac Mahon, devenu chef de l'État, ont toujours été empreintes d'une irréprochable courtoisie. Bien que le maréchal président, pendant toute la durée de son pouvoir, ait cru devoir, par excès de scrupule sans doute, écarter son frère d'armes de toutes fonctions qui auraient pu le mettre en relief, le vieux soldat a toujours affecté de ne point s'en apercevoir, et jamais une parole d'amertume ou de reproche n'est sortie de sa bouche à l'endroit du duc de Magenta.

Mais cela est en dehors de la question. Toujours est-il que le maréchal Canrobert allait officiellement et strictement rendre ses devoirs au chef de l'État et de l'armée, ainsi que le lui imposaient ses fonctions de président de la commission de classement, sans jamais décliner aucun ordre de service. Quant au président maréchal, plein de réserve, retenu sans doute par sa grandeur au rivage et au palais de l'Élysée, il ne crut pas devoir, dans toute la durée de ses fonctions politiques, franchir une seule fois le modeste seuil de son camarade et de son doyen.

Il usait de son droit de chef de l'État. Libre à lui !

Revenons à notre récit. Depuis son échec aux élections électoriales de Cahors, froissé, ulcéré outre mesure, croyons-nous, du dédain de ses compatriotes, et surtout des circonstances qui avaient accompagné la candidature officielle de son concurrent, le maréchal Canrobert, que nulle obligation, du reste, n'avait conduit à l'Élysée, s'était naturellement abstenu, de visiter le président de la République. — Leur première rencontre après les élections du 5 janvier 1877, eut donc lieu à l'ambassade d'Italie, si nous ne nous trompons. — Avant cet incident, le premier mouvement du maréchal Canrobert, lorsqu'il se trouvait dans une maison tierce, en présence du chef de l'État, était d'aller au-devant de lui, et de lui présenter son salut. Cette fois, le sénateur si durement évincé n'eut pas le courage de se précipiter au-devant du Président de la République. Il l'attendit. Le maréchal de Mac Mahon, auquel n'avait point échappé cette immobilité, feignit de ne point s'en apercevoir, et, après quelque minutes, s'approcha le premier du maréchal Canrobert, auquel il tendit la main. Celui-ci accueillit cette faveur sans effusion aucune et silencieusement.

Le duc de Magenta a dans la conversation, dit-on, peu d'initiative, l'esprit lent et la répartie difficile.

L'attitude de son collègue l'embarrassa visiblement. Enfin se hasardant : « Je regrette bien ce qui s'est passé dans le Lot, mon cher maréchal. Je ne vous avais pas vu depuis. »

A ces mots fort malencontreux, ce fut comme un coup de bâton qui atteignit le maréchal Canrobert.

« En vérité, monsieur le Maréchal, répliqua l'interlocuteur avec vivacité, je ne comprends pas! Comment! vous regrettez aujourd'hui, dites-vous, mon échec au sénat, mon exclusion de la Chambre haute? Mais oubliez-vous donc que c'est vous seul qui les avez prononcés et voulus, cet échec et cette exclusion! J'ai été combattu par vous, vous le savez du reste, par vous, par votre gouvernement et par vos ministres avec une âcreté, un acharnement sans pareils. Tous mes pauvres électeurs ont été traqués et sommés de me refuser leur vote. — Eh bien! oui, je l'avoue sans rougir, cet échec m'a été au cœur, et je ne croyais pas que ce dédain de mes compatriotes, ce mépris de mes longs services, dans mon pays natal pût m'attrister aussi profondément.

» Vous et les vôtres, monsieur le Maréchal, m'avez traité comme un ennemi public, un citoyen inutile, dangereux ou indigne. Vraiment, je ne m'y attendais pas! La politique vous a fait sacrifier bien des amis dévoués, de nobles serviteurs : Ducrot, Geslin et tant d'autres, sans compter tous ces pauvres magistrats, tous ces fonctionnaires qui marchaient avec vous! Il vous fallait sans doute compléter le sacrifice, en reniant votre compagnon d'armes : vous n'avez pas hésité. Je vous plains ! »

Le Président de la République se mordait la moustache, et d'autant plus mal à l'aise, que sa victime parlait haut et que nul n'osait interrompre l'entretien. Il aurait volontiers voulu y couper court ; mais l'impitoyable Canrobert se complaisait à exhaler sa plainte avec sa fougue et son exubérance habituelles. L'infortuné Maréchal Président était sur des charbons ardents; il dut tout écouter.

« Or cet amer déboire, cette mauvaise fortune, cette ingratitude de nos concitoyens, continuait Canrobert, savez-vous avec qui j'ai l'honneur de la partager, monsieur le Maréchal, avec un autre soldat comme nous, avec un de nos collègues à tous deux, un autre maréchal ! — Celui-là, il est vrai, est un grand homme de guerre : il a illustré et honoré son pays, et, s'il lui fait si grand honneur aujourd'hui, hélas ! c'est parce qu'il a fait bien du mal au nôtre. Ce collègue en infortune, c'est le maréchal de Moltke, qui me fut présenté comme colonel, je m'en souviens, lorsque j'étais maréchal. Lui aussi avait pensé dernièrement que ses services et ses faits d'armes pouvaient parler en sa faveur, et qu'il lui était permis, sans être avocat, d'affronter les suffrages.

» Il s'est présenté, comme moi, dans son pays natal, et il a été répondu au victorieux de Moltke, comme à moi, le vaincu, par un éclat de rire, par une déroute. Nous avons été l'un et l'autre blackboulés et bafoués par nos compatriotes électeurs. Nous partageons un sort commun ; on nous a tous les deux repoussés du pied. Mais, là, entre la fortune du maréchal de Moltke et la mienne, s'arrête la ressemblance. S'il a été battu par ses électeurs, il a l'orgueil, lui, et la consolation d'avoir vu son souverain et son gouvernement l'acclamer hautement comme leur candidat et le soutenir contre tous. Je n'ai pas eu le même bonheur, moi ! Mon gouvernement et le chef de mon pays m'ont combattu sans merci et m'ont marqué du sceau des indignes ! — Voilà pourquoi, monsieur le Maréchal, je ne suis pas sénateur ! »

Sur ce, le maréchal Canrobert s'inclina devant le président de la République, cligna de l'œil selon son habitude et rompit ce colloque, un peu long déjà, pour le Bayard des temps modernes.

UNE SÉRIE A COMPIÈGNE.

VOYAGE DANS LE PASSÉ.

Fontainebleau au printemps, Saint-Cloud et Biarritz l'été, Compiègne en automne, telles étaient, en général, les villégiatures impériales, sans parler des déplacements passagers à Vichy ou à Plombières motivés par la santé de l'Empereur. — Fontainebleau et Biarritz étaient les deux séjours préférés de l'Impératrice. Le château historique de François Ier, avec ses grandes galeries décorées par le Primatice, son salon chinois rempli des merveilles du Céleste Empire, et son lac entouré d'ombrages merveilleux, couvert d'embarcations de tous les pays, depuis le caïc doré du Bosphore, jusqu'à la noire gondole du Lido ; la mer de Biarritz, tour à tour si bleue et si menaçante, avec la cîme dentelée des montagnes d'Espagne et surtout avec ses souvenirs, avaient le don particulier de charmer et d'attirer notre dernière souveraine.

Toutefois Compiègne, aux allées ombreuses, aux horizons majestueux, avait le privilège de rappeler à l'Impératrice d'autres souvenirs, les plus purs et les plus graves de sa vie. N'était-ce point dans cette résidence, durant l'automne de 1852, que la jeune comtesse de Montijo avait été distinguée par le prince qui devait l'associer à ses brillantes comme à ses douloureuses destinées? N'était-ce pas également à Compiègne que, la noble étrangère ayant été très ostensiblement entourée, pendant son séjour, des égards et de l'attention du chef de l'État, certaine marquise lui glissa, dit-on, avant son départ, ces mots à l'oreille :

— Songez-y, ma chère enfant! Que de fois, dans la vie, les remords sont moins amers que les regrets !

Sur ce, la belle Andalouse, dédaignant le rôle des la Vallière ou des Montespan, qu'il n'eût tenu qu'à elle de remplir, répondit fièrement : « Jamais ou toujours ! » Trois mois après, le 30 janvier 1853, la comtesse de Téba, devenue l'impératrice Eugénie, faisait son entrée solennelle dans l'antique basilique de Notre-Dame, au bruit du canon et au son des cloches lancées à toute volée.

C'est à Compiègne, dont le château se prêtait si bien aux grandes réceptions et dont la magnifique forêt constituait le plus beau cadre de chasse à courre, qu'étaient reçus généralement, du 15 octobre au 15 décembre, les nombreux invités de l'Empereur. Les réceptions comprenaient, en moyenne, quatre séries, chacune de quatre-vingts personnes environ : le séjour de chaque série variant de huit à dix jours. Ces invitations, fort recherchées, s'adressaient aux différentes catégories de la société parisienne. En dehors des familiers du château, de *la Maison* comme on disait alors, elles étaient distribuées entre les membres du corps diplomatique, les ministres, les étrangers de distinction de passage ou en résidence à Paris, les plus hauts fonctionnaires de l'armée et de la magistrature, les personnalités les plus saillantes du *high life* et de la vie élégante, enfin les sommités du monde des arts, de la littérature et des sciences.

Certains invités, appartenant à cette dernière catégorie, se trouvaient parfois au début un peu dépaysés dans ce milieu qui n'était pas le leur. Mais leur gêne disparaissait souvent, grâce au semblant de liberté laissée à chacun de vaquer à ses occupations ou à ses plaisirs, grâce surtout aux égards dont, plus que les autres invités peut-être, ceux-ci étaient l'objet de la part de Leurs Majestés. Car les maîtres de la maison, il faut bien le dire, se montraient infiniment plus simples et plus courtois que leur jeune entourage.

Le départ avait lieu de Paris, à l'heure indiquée, par le grand chambellan, duc de Bassano. A l'arrivée du train spécial, à Compiègne, les invités montaient dans les calèches et les breaks attelés en poste, tandis que de nombreux fourgons attendaient les gens de service et les bagages. A propos de bagages, on raconte qu'on vit un jour tenir une place honorable, mais un peu encombrante, aux vingt-deux caisses à robes de la duchesse de S... Le cortège des élus défilait au grand trot, avec accompagnement de grelots et de claquements de fouet, à travers les rues tortueuses et pavoisées de la vieille ville ; puis les voitures arrêtées devant le perron, chacun des hôtes impériaux gravissait, avec plus ou moins d'émotion, de fierté et de plaisir le perron du palais. Dès l'arrivée au château, l'invité était conduit à l'appartement qu'il devait occuper. Ces appartements dont l'importance variait naturellement, selon le rang de leurs occupants, étaient tous très confortables et comprenaient généralement au moins une chambre et un petit salon par personne. — Dès lors, on était condamné à la vie de château avec son luxe le plus large, le mieux entendu et avec des châtelains dont la plus grande préoccupation était de faire paraître le temps court à leurs hôtes, ce à quoi ils réussissaient quelquefois.

Les distractions, en effet, étaient nombreuses et variées. Nul, d'ailleurs, — avait-on soin de dire, — n'en prenait que ce qu'il lui plaisait ; et chacun à sa guise, sauf aux heures des repas, auxquels c'était un devoir pour tous de paraître, pouvait, ou rester confiné dans son appartement, ou se livrer à une occupation en rapport avec ses goûts. Deux fois par semaine, il est vrai, chasse à courre à laquelle les invités prenaient part, soit à cheval, soit en voiture. Les cavaliers privilégiés, auxquels avait été octroyé *le bouton*, portaient l'habit vert à parements de velours grenat galonné or et argent, la botte molle et le lampion à plumes noires. Les autres arboraient soit l'habit rouge et la botte à revers, soit telle tenue de cheval qui leur convenait. Les plus intrépides d'entre les dames ne craignaient pas d'affronter les fatigues d'un galop qui se prolongeait parfois pendant plusieurs heures, jusqu'au moment où les trompes sonnaient l'hallali, aux étangs de Vieux-Moulin ou dans quelque taillis souvent fort éloigné de la ville.

Les grands chars à bancs, chargés de toilettes aux nuances claires, attelés de six vigoureuses postières, avec cette élégance inimitable que le général Fleury avait su imprimer aux écuries impériales, roulaient au bruissement cadencé des grelots, sur l'épais gazon jonché de feuilles mortes tapissant les longues allées de la forêt.

— Quels délicieux souvenirs, et quelles impressions inoubliables de ces jours d'automne! nous disait récemment une charmante invitée de Compiègne; le soleil plaquait de taches jaunes les plus hautes cimes des vieux chênes; de temps à autre, un piqueur, appuyant la meute ou ralliant quelques chiens égarés, traversait l'allée, la trompe au poing, disparaissait sous bois, en égrenant dans l'air les notes de sa fanfare. Parfois, — bonne fortune assez rare, — le cerf passait en vue des voitures, la tête renversée en arrière, suivi de près par une vingtaine de chiens et au loin par un groupe de veneurs clairsemés. C'était à peu près tout ce qu'il était permis d'espérer, car il était bien rare que les voitures, n'ayant pour se guider que les appels des trompes et la voix des chiens, pussent arriver à l'hallali et voir servir la bête aux abois par un employé de la vénerie, à défaut d'un invité de distinction.

Les plaisirs de la chasse à tir alternaient avec ceux

de la chasse à courre. Les invités di *primo cartello*, ministres, ambassadeurs, chassaient avec l'Empereur dans les tirés réservés, où les chevreuils et les lapins foisonnaient, où les faisans s'envolaient en véritables bouquets de feu d'artifice. Les invités d'une catégorie inférieure chassaient dans la forêt de Laigue, dont les layons, pour être moins fournis en gibier que les tirés réservés, offraient néanmoins de quoi contenter les fusils les plus difficiles.

Du reste, *entière* liberté laissée aux invités, programme qu'il eût été malséant, néanmoins, de prendre à la lettre. Après le déjeuner, des calèches, des vis-à-vis étaient à la disposition et aux ordres de ceux qui, à la chasse et aux excursions en bruyante société, préféraient une promenade en petit comité. Le parc offrait à tous ses jeux d'arc et de crocket, ses tonnelles si favorables aux causeries intimes et même à la rêverie à deux. Les gens graves, ennemis des distractions frivoles, se retiraient dans la bibliothèque du château, qui leur ouvrait ses rayons chargés des publications les plus récentes et ses abris hospitaliers ouatés de ce silence cher aux lecteurs.

Les jours où il n'y avait pas chasse, c'étaient de longues promenades en forêt, dont le but était généralement une visite au château de Pierrefonds.

C'est dans une de ces courses qu'advint au maréchal Pélissier certaine mésaventure. Placé dans un char à bancs, auprès de l'Impératrice, et estimant, sans doute, que, là où la contrainte existe le plaisir ne saurait exister, le noble soldat intima aux postillons l'ordre de s'arrêter, et, sans prendre la peine de s'excuser, descendit pour aller, sans doute, herboriser au pied d'un chêne, à quelques pas seulement de la voiture. L'Impératrice indignée donna, sans attendre Son Excellence, le signal du départ, et le vainqueur de Sébastopol dut s'estimer heureux d'être recueilli par une des voitures de la suite.

On sait que la grande salle du château de Pierrefonds, si admirablement restaurée par M. Viollet-le-Duc, contenait une merveilleuse collection d'armes et d'armures, réunies une à une par l'Empereur, avec la patience d'un collectionneur. Napoléon III aimait à en faire les honneurs lui-même, signalait les pièces rares, les épées italiennes du XVIe siècle, à la poignée finement ciselée ou enrichie d'émaux, les armures damasquinées, les lances de tournoi. La figure un peu triste du souverain s'animait d'un pâle sourire en montrant ces merveilles, dont la possession devait être, plus tard, l'objet d'un long différend entre le gouvernement de la République et la souveraine en exil.

Tous les jours, à cinq heures, avait lieu ce que l'on appelait *le Thé de l'Impératrice*, réception intime dans les appartements particuliers de Sa Majesté. La plupart des invités y paraissaient à tour de rôle. Toutefois, ces réceptions étaient principalement réservées aux littérateurs, aux savants, qui, dans ce milieu de la Cour plein de coteries et souvent exclusif, auraient pu se trouver parfois isolés. N'était-ce pas leur offrir une occasion, qu'ils appréciaient fort, de faire briller leur esprit, leur savoir et leur tact? L'Impératrice se complaisait dans ces joutes d'intelligence. Avec une grâce parfaite et une bonne volonté devant laquelle ses adversaires les plus spirituels s'inclinaient, elle s'efforçait, tant bien que mal, à faire briller ses hôtes en les amenant chacun sur leur terrain favori. La souveraine trouvait un tel attrait dans ces tournois, qu'elle oubliait l'heure et que, très souvent, sa demoiselle d'honneur en était réduite à lui adresser, pendant qu'elle savourait les récits exquis d'Edmond About ou de Prosper Mérimée, les amusantes dissertations de Me Lachaud et les captivantes théories de M. de Lesseps, des signes respectueusement désespérés. Il fallait, en effet, faire comprendre à l'auguste présidente que l'heure de la toilette du soir était sonnée depuis longtemps. C'était toujours à regret que, devant ces injonctions réitérées, elle coupait court à ces entraînantes causeries, fort différentes des racontars, des banalités de cour et des plaisanteries plus ou moins délicates de certains familiers de la maison.

La toilette du soir était une importante affaire. Au château de Compiègne, en effet, se préparaient les modes de l'hiver ; c'est là que les célèbres couturiers lançaient leurs créations favorites. Ce fut, durant ces années brillantes, — il faut malheureusement l'avouer, — comme un délire, une orgie de luxe à outrance dans les toilettes féminines. Combien de ruines, hélas ! que de troubles irréparables dans les ménages, survenus à la suite d'une invitation à Compiègne. — Certaines nobles étrangères nous furent particulièrement fatales, et il est inutile de prononcer des noms. Afin de refréner ces tendances, l'Impératrice s'étudia, mais un peu tard, dans les dernières années, à donner elle-même l'exemple de la simplicité. Le mal était fait.

La culotte courte et le bas de soie noire étaient de rigueur pour les hommes. Les dîners, fort délicats et servis somptueusement, commençaient à sept heures et duraient une heure à peine. A part les places immédiatement voisines de Leurs Majestés, pour lesquelles les désignations étaient faites à l'avance, les convives s'asseyaient comme ils l'entendaient et se groupaient suivant leurs préférences. Après dîner, les jours de chasse à courre, on se pressait aux fenêtres qui donnaient sur la grande cour du château, pour assister à la curée aux flambeaux. Merveilleux spectacle que celui de ces cent chiens, contenus par le fouet du premier piqueur, et dont la voix se mariait aux fanfares de vingt trompes de chasse, le tout éclairé par soixante torches portées par autant de piqueurs et de valets de pied en grande livrée !

Chaque semaine, bal à grand orchestre. Les notabilités de la ville de Compiègne et les officiers de la garnison y assistaient. Les autres soirs, on dansait, en petit comité, au son d'un piano mécanique, dont on a tant reproché à M. Viollet-le-Duc d'avoir tourné la manivelle.

Une ou deux fois par série, les acteurs des Français, du Gymnase ou du Vaudeville venaient représenter, sur la scène du petit théâtre du château, la pièce en vogue. Leurs Majestés et leurs invités occupaient une immense loge de face, laquelle tenait presque toutes les premières galeries et présentait comme un fourmillement étincelant de pierreries et de décorations appartenant à tous les ordres de chevalerie connus en Europe. Le reste de la salle était abandonné aux autorités et aux habitants de Compiègne, à la seule condition, pour ces derniers, d'être en tenue de soirée. Une brave dame de la ville — assez peu au courant des usages mondains — se présentant, un soir, pour entrer dans une loge très en évidence, s'en vit refuser l'entrée par l'huissier préposé à cet effet, sous prétexte qu'elle était en chapeau et robe montante : « N'est-ce que cela, mon garçon ? » lui répondit-elle. Arrachant son chapeau, dégrafant sa robe et son col, rabattant et chiffonnant le tout avec plus d'empressement que d'art, la bonne dame parvint à mettre à nu une quantité suffisante de gorge et d'épaules pour réduire au silence l'huissier stupéfait. Ceci fait, elle entra triomphalement dans sa loge, où elle savoura *la Famille Benoiton* avec un plaisir exempt d'embarras.

A ces représentations, les délicats préféraient les représentations intimes, dans lesquelles les invités jouaient eux-mêmes des charades ou des revues dues à la plume d'un auteur à la mode ou d'un des familiers du château. Les allusions et les couplets de circonstance, comme on doit le penser, y tenaient la première place et l'on faisait grande dépense d'esprit et d'entrain, et surtout de flatteries.

Tel était le programme à peu près invariable des

divertissements offerts aux invités de chaque série. Si tous n'y avaient pas pris un égal plaisir, si quelques-uns rentraient au logis avec de sanglantes égratignures d'amour-propre, absolument dégoûtés des grandeurs, tous emportaient au départ le même souvenir de l'affabilité et du gracieux accueil de Leurs Majestés.

ÉMILE OLLIVIER.

A PROPOS D'UN LIVRE D'ART [1].

Je n'ai rencontré M. Émile Ollivier que deux fois dans ma vie. La première fois, ce fut rue Saint-Guillaume, en allant visiter son beau-père, l'abbé Liszt. Ce dernier, avec lequel j'avais conservé, depuis mon séjour à Rome, de très affectueuses relations, descendait régulièrement chez M. Ollivier, chaque fois qu'il traversait Paris. C'est là que je fis la connaissance du jeune député de la Seine, et ma première impression, je l'avoue, fut très favorable. L'homme me parut simple, bon, enthousiaste, et d'une grande sincérité dans ses admirations, dans ses haines.

1. *Une Visite à la chapelle des Médicis,* dialogue sur Michel Ange et Raphaël — par M. Emile Ollivier.

J'étais accompagné par un de mes amis, italianissime et infiniment plus libéral que moi. Aussi ce dernier s'entendit-il à merveille avec notre interlocuteur.

C'était en 1866, je crois ; M. Ollivier, s'improvisant journaliste, publiait alors dans *la Presse* une série d'articles assez peu appréciés du reste. Il prenait son nouveau métier avec tant d'ardeur, il y mettait tant de passion, qu'il voulut bien nous lire les épreuves de l'article qui devait être publié le soir même et celui du lendemain.

C'était fort beau, en vérité, très éloquent, très habile ; mais nous pensâmes que ces belles pages, vrais morceaux de philosophie politique, devaient être peu goûtés des lecteurs du boulevard et des abonnés de province.

On causa de l'Italie, de Rome, et je n'oublierai jamais avec quel tact, quelle modération et quel sentiment religieux, le député libéral nous parla de l'antagonisme qui existait entre le pape et le roi d'Italie. J'ai rarement vu un homme, s'exprimant avec plus de charme et d'onction. N'eussent été la vivacité, le feu, l'exaltation qu'il déployait en défendant ses thèses, on l'aurait pris aisément pour un homme d'église. Tout l'appartement de M. Ollivier, et surtout le cabinet, dans lequel nous fûmes reçus, avait je ne sais quoi de simple, d'austère et de janséniste qui s'accordait parfaitement, du reste, avec la physionomie du maître de la maison.

— Cet homme-là, certainement, sera ministre un jour, disais-je à mon ami, en descendant le petit escalier de la maison rue Saint-Guillaume, mais il me paraît bien vertueux et bien passionné pour devenir, et surtout rester, un homme des Tuileries.

La seconde fois que je saluai M. Ollivier, ce fut à une réception de la place Vendôme, peu de jours après son avènement au pouvoir, en 1870. Ce que nous avions prévu, mon ami et moi, s'était réalisé. Après le livre du 19 *Janvier*, l'éloquent orateur était devenu ministre et son entrée aux affaires semblait indiquer, dans la politique intérieure de la France, une ère nouvelle de libertés sages et d'apaisement. Pour peu qu'on soit de bonne foi, il faut bien se l'avouer : ce fut alors pour tous les hommes aimant sincèrement et intelligemment leur pays un moment de joie et de confiance extrêmes. Combien, aujourd'hui, parmi les bonnes âmes qui jettent avec mépris la pierre au ministre déchu, ont acclamé et béni son avènement !

Les réceptions de la place Vendôme prirent les proportions d'une manifestation politique. Tous les anciens ministres du roi Louis-Philippe tinrent à honneur de venir féliciter leur jeune successeur.

C'est alors qu'on vit, dans les salons de la chancellerie si déserts du temps de M. Baroche, les Guizot, les Thiers, les Rémusat, les... etc., etc.

— Puisqu'il en est ainsi, disaient les plus sages, nous ne pouvons persister à sacrifier le pays à nos regrets. — Si l'Empire pratique sincèrement le régime constitutionnel, pourquoi ne nous rallierions-nous pas à lui? Les princes d'Orléans ont, hélas! perdu toute chance, puisque, en dehors d'eux, sans révolution et sans secousse, nous allons jouir des libertés qu'ils auraient données. Plus de régime absolu, plus de gouvernement personnel; le pays désormais aura voix au chapitre et les Français seront libres et prospères.

Depuis, hélas! que de douleurs, de hontes et de ruines! M. Ollivier fut-il, à son insu, le jouet du souverain, un instrument entre les mains de telle coterie et de tel homme, enfin une victime sacrifiée, dupe d'intrigues et de jalousies de Cour? — C'est ce que nous ne chercherons pas à approfondir. D'autres, mieux au courant de ces mystères, révèleront sans doute un jour toute la vérité.

Ce qu'il nous est permis toutefois d'admirer hautement et de constater, c'est l'attitude vraiment digne de M. Ollivier depuis la chute de l'Empire. Tandis que les Benedetti, les Jules Favre, les Saint-Vallier et les Failly se déchiraient à l'envi, et cherchaient à jeter les uns sur les autres la responsabilité de fautes et de malheurs irréparables, donnant ainsi à l'Europe le douloureux spectacle de récriminations personnelles, où le patriotisme, hélas ! n'entrait pour rien, l'ex-ministre Émile Ollivier, dont le plus grand crime avait été d'être un jour populaire, se retirait en Italie et se condamnait au silence.

Voici, depuis deux ans, le premier signe de vie que donne l'ancien garde des sceaux. L'œuvre qu'il publie aujourd'hui n'est ni une récrimination, ni un plaidoyer politique ; c'est une des plus remarquables études qui aient été faites sur Michel-Ange et sur Raphaël, et nous ne croyons pas nous tromper en ajoutant que ce livre de M. Ollivier sera plus apprécié par nos petits neveux que son 19 *Janvier* et autres ouvrages de politique éphémère.

Que de pages ont été écrites à propos de ces deux grands génies, lesquels, — il faut bien le dire — font plus d'honneur à l'humanité que les guerriers les plus intrépides et les orateurs les plus diserts.

Les aperçus de M. Ollivier sont d'une grande élévation de pensée et de style, et son dialogue sur l'art contient des idées neuves, ingénieuses, rehaussées par une forme exquise vraiment digne du nouvel académicien.

« Michel-Ange est de la race des puissants ; Raphaël de celle des charmeurs, » nous dit M. Ollivier ; et quoi de plus vrai ? A ce propos, nous serions tentés de ranger l'ancien ministre dans la race des charmeurs. M. Émile Ollivier, en effet, a tellement le don de séduction et de charme, que parfois même on serait tenté de lui reprocher de se charmer lui-même.

Le caractère et la vie des deux grands artistes sont étudiés dans le livre de M. Ollivier, avec plus de soin encore que leur œuvre :

« On ne comprend vraiment, dit-il, une œuvre d'art que si, après l'avoir admirée en homme du métier, puis en poète, on la replace dans le milieu où elle est éclose, et surtout si l'on s'initie à la vie morale de celui qui l'a produite ; créer, n'est-ce pas donner le plus intime de soi-même ? Comment donc saisir le sens profond d'une création, si l'on ignore la passion ou l'idée qui animait l'artiste au moment de l'effort créateur. Dès qu'on ne croit pas que la lecture matérielle ait été la préoccupation exclusive des peintres ou des sculpteurs inspirés, il n'y a pas d'autre méthode qui puisse rendre leurs chefs-d'œuvre intelligents et parlants. — Veux-tu savoir ce que signifient ces statues ? Demande-toi d'abord ce qu'était Michel-Ange et ce qu'il pensait. »

Alors, en traits éloquents, M. Ollivier retrace la vie tourmentée et inquiète du grand Florentin, dont le génie a jeté tant d'éclat au milieu des douleurs et des désastres de sa patrie.

La seule allusion politique, la seule note personnelle que nous trouvons dans ce livre et qui découle, il faut le dire, du sujet lui-même, est le tableau de Florence au XIVe siècle.

« Dans l'œuvre gigantesque entreprise par Michel-Ange sur l'ordre du maître, le tombeau des Médicis, une statue est restée inachevée. *Le Jour* est inachevé. En cela se déploie le génie de l'artiste. *Le Jour* représente l'effort vaillant et les satisfactions joyeuses de la vie, le développement des choses et l'épanouissement des êtres. Où tout cela est-il en 1529 (ne pourrions-nous pas lire en 1872?) et dans les années suivantes? De toutes parts, l'abandon et la défaillance; le peuple se soumet à l'étranger avec une résignation oublieuse: il raille ses maîtres et il les subit; il condamne la lutte voulue par lui-même; quelques-uns seulement se tiennent à l'écart dans une attitude stoïque et refusent à la fortune le droit de disposer de leurs sentiments et de leurs opinions; toute justification leur paraîtrait une dérision, un abaissement, ils se taisent et gardent intact l'honneur de la patrie en attendant l'heure de la venger et de la refaire. »

Avons-nous besoin de dire avec quel amour, avec quelle tendresse, Émile Ollivier s'arrête sur la vie et sur l'œuvre du divin Raphaël?

Pour quiconque aime l'art avec passion, pour quiconque a eu le bonheur d'étudier longuement et d'admirer en Italie les grands maîtres, le livre de M. Ollivier sera une lecture singulièrement attrayante. Chacun y retrouvera, exprimées avec toute l'ardeur, le feu et la délicatesse d'un véritable écrivain, les impressions et les émotions profondes qu'il a ressenties lui-même.

Quant aux esprits sceptiques, à ces âmes desséchées, flétries, dédaignant les hauteurs auxquelles elles ne peuvent atteindre, nous les plaignons dans toute la sincérité de notre cœur. N'est-ce pas surtout aux jours d'épreuve et de tristesse, au milieu des amertumes du présent, qu'il faut regarder au-dessus de nos têtes et chercher l'idéal !

« Je voudrais, ô mes amis, dit M. Ollivier dans sa lettre préface, écarter un instant votre pensée de ce qui trouble, et la conduire vers ce qui calme, non pour vous consoler, mais pour renouveler vos forces et les accroître. Voilà pourquoi je vous envoie ces pages; accueillez-les avec affection. Après avoir vécu quelques heures en compagnie des maîtres du

Beau, vous supporterez mieux le poids du jour. »

Je crois, en effet, que la lecture du petit livre de M. Ollivier sera une lecture plus utile, plus saine et plus agréable que la lecture des discours complets de M. Gambetta.

———

Peu de jours après la publication de l'article qu'on vient de lire, je recevais de M. Émile Ollivier, la lettre suivante. Je la transcris malgré ses éloges hyperboliques.

« (Piémont) Pollone, 23 octobre 1872.

» Monsieur,

» Lorsqu'il y a quelques mois je lisais avec ravissement le volume que vous avez écrit sur l'Italie, que j'admirais la grâce facile, souple et en même temps aiguisée de finesse de vos récits, le relief de vos portraits, la pénétration de vos jugements, et que, dans vos souvenirs, je trouvais plus de lumières sur une époque intéressante, que dans beaucoup de livres solennels, je ne pensais pas que j'aurais à vous adresser bientôt un remerciement personnel. Un ami m'envoie votre article sur mon livre. J'en suis profondément touché. J'ai toujours été sensible aux témoignages de bienveillance; mais il est des heures dans la vie où on les reçoit avec plus d'émotion et d'un cœur plus reconnaissant.

» Croyez que je n'oublierai pas combien vous avez été aimable et bon pour moi.

» Veuillez croire à mes sentiments de cordiale sympathie et de gratitude.

» *Signé :* E. OLLIVIER. »

DUC D'AUMALE

ET

AMIRAL DE GUEYDON.

Paris, 22 mars 1880.

L'autre soir, dans un salon, à propos des sottises entassées en Algérie par le gouverneur Albert Grévy, on parlait de notre colonie d'une façon assez intéressante. J'en ai retenu quelque chose et il me paraît utile de le reproduire, d'autant plus que peu de Français soupçonnent ce qui se passe hors de France. — Il y avait là plusieurs personnes ayant séjourné en Algérie : un général, un magistrat, un financier et un ancien député.

Le vieux député, un des plus anciens habitants de la colonie, tenait le dé de la conversation, un peu à l'exclusion de ses compagnons, mais non sans profit pour tous.

— Quels furent, à votre avis, lui demanda quelqu'un, les meilleurs gouverneurs de l'Algérie ?

— Il y en eut trois, fit-il sans hésiter, qui ont laissé dans le pays des souvenirs, des traces ineffaçables et dont le nom devrait être inscrit en lettres d'or de vingt pieds de haut sur la place du Gouvernement : le maréchal Bugeaud, le duc d'Aumale et l'amiral de Gueydon !

Depuis le 14 juin 1830, jour où l'armée et la flotte du roi Charles X plantèrent le drapeau de France sur la terre d'Afrique, jusqu'à l'année 1880, où un mauvais avocat gouverne la seconde France, que d'expériences, que de transformations, ont été tentées dans notre infortunée colonie !

Il faut, en vérité, que cette contrée privilégiée, bénie de Dieu, possède une force inépuisable de vitalité et de richesse, pour avoir supporté tant de secousses et les caprices de tant de vice-rois incapables. Eh bien, malgré tout, la colonie vivra, tant que ne sera point effacée la puissante empreinte de la main du grand soldat qui, après l'avoir conquise, posa les bases indestructibles de son organisation.

Le maréchal Bugeaud, que j'ai connu, lorsqu'il débarqua pour la première fois en 1836, était un homme sans pareil, une des plus grandes figures de ce siècle. Ne faut-il pas que cela soit, pour qu'aujourd'hui, après plus de trente ans, il n'existe pas une tribu où son nom ne soit prononcé avec respect?

Le duc d'Aumale vint après. Le jeune général avait longtemps servi et combattu sous le vieux maître; aussi connaissait-il tous ses secrets de domination, lorsqu'il lui succéda comme gouverneur général en 1847. L'Arabe, aristocrate de race et de sentiment, comprit qu'il devait obéir au fils du souverain, et plus d'un grand cheik fut fier d'être soumis à un tel émir. Pendant les huit mois que dura la mission du prince, ce qui fut inauguré de grand, d'utile dans l'administration de la colonie, par l'initiative de ce général de trente ans ne saurait se dire. La vie du duc d'Aumale a été entrecoupée par le sort; mais, partout où il a paru en première ligne, il s'est révélé hors pair. Les actes de son gouvernement d'Algérie, ses instructions, sont restés légendaires. — Vingt-quatre ans plus tard, de douloureuses circonstances l'improvisaient président d'un conseil de guerre appelé à juger un maréchal de France. Tous, autant que nous sommes, avons présents encore la merveilleuse intelligence, l'impartialité, le calme, l'autorité avec lesquels il conduisit les poignants débats où se déroula notre histoire. Ne nous disiez-vous pas alors, général, et vous monsieur le conseiller, que personne en France n'eût été capable de mieux remplir une si lourde tâche?

En vérité, Messieurs, ajouta notre parlementaire, qui oubliait alors tant soit peu l'Algérie, il est bon parfois, de se souvenir de ces choses, et de constater qu'il n'est pas un seul de nos princes de la Maison de France qui ne possède dans les veines une parcelle du sang de Henri IV et de Louis XIV! Je ne sais ce que réserve l'avenir. Quel chef de dynastie en vérité, pouvant disposer d'un tel bras droit, d'une âme si fortement trempée, ne pourrait utilement demain tenter de grandes entreprises!

Revenons à l'Afrique. J'ai encore présent à la mémoire, moi qui faisais partie, en 1827, de l'expédition Duperré, le départ du Prince gouverneur-général le 3 mars 1848. Ce fut une des plus grandes douleurs, un des plus navrants spectacles de ma vie. La pluie, ce jour-là, je m'en souviens, tombait à torrents. La place, les quais d'embarquement regorgeaient de foule. Lorsque le Prince parut, accompagné des siens, le Prince et la Princesse de Joinville, ce fut une explosion de cris, de larmes et de lamentations. Les Arabes se jetaient à ses pieds; chacun voulait le retenir; les officiers, les soldats pleuraient comme des enfants. Les Princesses étaient entourées par les femmes qui sanglottaient. Leur canot était rempli de fleurs que chacun y apportait. Nous sentions tous qu'avec le Prince s'éloignait l'âme de la vieille France. Ah! si notre che était resté, s'il avait dit un mot, fait un geste! L'armée entière, toute l'Algérie se serait soulevée; et alors que se fût-il passé en France?

La mascarade de 1848 et l'installation de l'Empire, reprit l'Algérien, nous apportèrent les proscrits de Juin envoyés par Cavaignac, puis les internés du 2 Décembre. Dès lors, ce fut un usage de déverser sur la malheureuse colonie toutes les impuretés de la France. Elles ont fait souche, ces impuretés, et sont devenues insensiblement l'essence même de la colonie. Jugez si, avec ces éléments d'indiscipline, de paresse, d'impuissance et d'envie, nous avons eu du mérite à arriver à un résultat. L'armée, Dieu merci, n'a jamais été entamée ; c'est elle seule qui a fait, qui a sauvé et qui maintient l'Algérie.

Passons les gouverneurs généraux de l'Empire; il y en eut de médiocres, de nuls, aucun d'illustre et de vraiment fort. Le maréchal de Mac-Mahon fut le dernier.

Survinrent nos désastres et la République avec. Les Arabes profondément humiliés d'avoir pour maîtres des juifs, des avocats déclassés, des révolutionnaires en rupture de ban, qui chassaient les généraux après leur avoir arraché leurs épaulettes, se soulevèrent en masse. En quelques jours, la grande œuvre du maréchal Bugeaud faillit s'effondrer ; il s'en fallut de fort peu que l'Algérie ne vît de nouvelles Vêpres siciliennes, et que notre belle colonie n'échappât aux mains de la France républicaine. Après quelques intermèdes de coquins ridicules et sinistres, sans parler des monstrueux décrets du citoyen Crémieux, le calme revint sous M. Thiers, et la révolte fut étouffée, grâce aux bataillons décimés de notre armée valeureuse.

Un homme parut enfin à Alger : ce fut l'amiral comte de Gueydon. Tout était à reconstruire. Le trouble, la discorde, la ruine régnaient partout. Les municipalités (quelles municipalités !) étaient maîtresses; l'armée désorganisée, l'autorité bafouée; partout la terreur, la misère. L'amiral, ancien gouverneur de la Martinique, comprit le mal, l'envisagea froidement, et sans hésiter, sans tâtonner, se mit le lendemain à l'œuvre. Ce Breton, dont le nom parmi nos contemporains est infiniment moins connu que celui de Floquet, de Jules Favre ou du colonel Langlois, est une des organisations les plus puissantes, une des intelligences les plus vastes que l'on puisse rencontrer. Dans la marine, on sait ce qu'il vaut; malheureusement, ce n'est pas assez. L'amiral de

Gueydon, premier ministre eût relevé la France.

L'amiral est un tempérament autoritaire, sans doute ; mais, par son esprit pratique, sa volonté indomptable, cet homme de fer a accompli des prodiges. —Suivons-le : par exemple, il ne prend ni la peine, ni le temps de tourner, de franchir les obstacles, il les écrase. Merveilleusement doué, il comprend et devine tout et devient à la fois créateur et organisateur. Ce qu'il a fait pendant l'espace de temps qu'il a gouverné l'Algérie tient du miracle. A peine débarqué depuis un mois, les derniers feux de l'insurrection brûlant encore, il avait levé et obtenu sur les tribus frémissantes, un impôt formidable, que nul parmi les fonctionnaires algériens les plus consommés n'eût osé rêver.

Le régime du bon plaisir, en dépit de toutes les constitutions, est, il faut l'avouer entre nous, la seule loi qui régira longtemps encore la nouvelle France. Lorsque le pouvoir absolu se trouve entre les mains d'un homme de la valeur de l'amiral de Gueydon, et que, de plus, cet homme de génie est aussi intègre, aussi pur, aussi désintéressé que ce Breton, catholique et croyant, il n'est rien qui soit impossible. En deux ans, notre marin gouverneur général civil, malgré quelques velléités de résistance et d'inertie de l'armée de terre, malgré une presse infâme, malgré les instruments inhabiles, hostiles ou véreux placés entre ses mains, a accompli une tâche que d'autres gouverneurs auraient eu peine à ébaucher en vingt ans.

C'est là que j'ai vu se manifester, dans toute son étendue, la force de la volonté unie à une haute intelligence et à une tenacité sans bornes. Le projet rêvé la nuit, le travail conçu et élaboré le matin, dans sa large cervelle, étaient ordonné le soir, et bon gré mal gré, il fallait le lendemain obéir et exécuter. L'impulsion qu'un homme de décision et d'initiative imprime aux autres hommes placés sous ses ordres, peut soulever des montagnes. En voyant de près le vice-amiral de Gueydon, j'ai entrevu ce qu'avait pu faire Napoléon Ier. L'ordre, la sécurité rétablis, les villages incendiés sortant comme par enchantement de leurs ruines, des routes créées, des plantations nouvelles couvrant le sol, des centres de population ordonnés, le séquestre effectif étendu sur d'immenses territoires de vaincus, des lotissements, des partages exécutés sous l'œil du maître, l'administration, la magistrature expurgées, la religion respectée. Voilà, en quelques mots, l'œuvre de l'amiral de Gueydon.

C'en est assez de l'Algérie pour aujourd'hui, reprit l'ex-député ; nous reprendrons la conversation.

Brisons-là, d'autant mieux qu'après avoir prononcé le nom de trois hommes considérables, utiles, patriotes, honorés et respectés par leurs ennemis eux-mêmes, il serait tout à fait malséant de parler de leur étrange successeur, l'avocat Grévy!

M. DUFAURE AU MONT-VALÉRIEN.

Janvier 1880.

J'ai toujours eu un grand faible pour M. Dufaure : pourquoi? Je suis encore à me le demander. Quoi qu'il en soit, ce vieux et austère républicain, né en 1798, aura eu la rare fortune d'avoir successivement servi de ministre au roi Louis-Philippe, au général Cavaignac, à Napoléon III, à M. Thiers et au maréchal de Mac-Mahon, sans que sa belle réputation de candeur et de probité politique ait été ternie par le plus léger soupçon d'ambition ou d'hypocrisie. Il est de ceux que chacun admire, estime et vénère de confiance, M. Dufaure eût-il commis, en secret, les crimes les plus énormes, ce qui paraît assez invraisemblable, sa mémoire n'en demeurera pas moins immaculée.

On l'a dit catholique croyant et fervent ; ceci, joint à son caractère sûr, mais peu sociable, à la pureté de ses mœurs, à l'honorabilité absolue de sa vie privée, le rend, en effet, bien supérieur et peu semblable à la plupart des grands hommes de son temps et de son parti.

Le seul reproche que nous puissions adresser à M. Dufaure, c'est d'avoir cherché à acclimater très consciemment la République modérée en France, ce qui est à la fois, selon notre ami J.-J. Weiss, « une bêtise et une impossibilité ».

Quoi qu'il en soit, voici une histoire piquante qui le concerne, et dans laquelle le rude sanglier de la place Vendôme joue un rôle attendri.

Ceci se passait en décembre 1852. L'élu de la nation venait de « sortir de la légalité pour rentrer dans le droit ». Avec l'assentiment et la complicité de la France entière, il faut bien, hélas ! l'avouer, l'hôte de l'Élysée venait de « replacer la pyramide sur sa base », et, selon le mot du temps, les bons commençaient à relever la tête et les méchants à trembler.

— Pour arriver à ce résultat, le prince Louis Bonaparte avait suspendu l'exercice des libertés nationales. Sans se donner la peine de faire un triage, il avait supprimé, provisoirement, tous ceux, bons ou mauvais, qui faisaient obstacle à ses desseins, aussi bien ses ministres d'hier que ceux qui devaient solliciter l'honneur de le devenir un jour.

Donc, avec ses malheureux collègues de l'Assemblée, les députés saisis à leur domicile et les députés arrêtés à la mairie du 10e arrondissement, M. Dufaure avait été emprisonné. Les uns gémissaient à Vincennes, les autres au Mont-Valérien. Parmi ces derniers, M. Dufaure était un des plus anxieux et des plus accablés. Ce n'était pas précisément le dépit et l'exaspération d'avoir été joué par un chef politique qui remplissaient alors l'âme de M. Dufaure : un sentiment d'un ordre plus intime et plus personnel l'agitait. Au moment de son arrestation, l'ancien ministre avait laissé madame Dufaure souffrante, et les fatalités de la politique venaient d'arracher violemment M. Dufaure à son foyer, la veille même du jour où il attendait un héritier. Les prisonniers, ayant obtenu de communiquer par lettre avec leur famille, M. Dufaure fut exactement informé de l'heureuse issue. Aussi n'hésita-t-il pas à solliciter du directeur de la prison la faveur de s'absenter pendant quatre heures et de demeurer prisonnier sur parole, le temps de se rendre auprès de madame Dufaure et de serrer dans ses bras le nouveau-né. L'autorisation, transmise au ministre, fut immédiatement accordée, et M. Dufaure se hâta d'en profiter.

A l'heure indiquée, nouveau Régulus, M. Dufaure venait reprendre ses chaînes et frappait à la porte de la prison. — Le guichetier ouvrit bien la porte, mais se refusa absolument à recevoir son pensionnaire. « Avez-vous un ordre d'écrou ? — Non ! — Eh bien, Monsieur, impossible de vous incarcérer. »

M. Dufaure se rendit aussitôt chez le directeur, qui se refusa péremptoirement à réintégrer l'ancien garde des sceaux. Celui-ci criait, pestait, et insistait pour regagner à tout prix sa cellule, profondément humilié dans sa dignité et dans son honneur de ne plus partager le sort de ses collègues.

— Vous n'avez qu'un moyen de salut, lui dit spirituellement le directeur ; allez voir le ministre de l'intérieur et obtenez de lui un permis d'emprisonnement. J'ai reçu hier, pour vous, un ordre d'élargissement ; je suis l'esclave de mon devoir et ne puis, de mon autorité privée, vous écrouer de nouveau.

Le cœur plein de colère, M. Dufaure reprit le fiacre qui l'avait amené au Mont-Valérien et se fit conduire rue de Grenelle-Saint-Germain, chez le comte de Morny, ministre de l'intérieur.

Le député se fit annoncer. — Le ministre reçoit son collègue vaincu avec sa grâce et son amabilité légendaires. Il s'enquiert surtout, avec le plus vif des intérêts, de la santé de madame Dufaure et félicite sincèrement le père de l'heureux événement.

— Que puis-je pour vous en ce moment, mon cher collègue ?

— Vous savez de quoi il s'agit, monsieur le ministre, reprit froidement le député. J'ai demandé la liberté pour quelques heures, et je viens me reconstituer prisonnier. Le directeur de la prison exige, pour me réintégrer, un ordre de vous.

— Ah ! quant à cela, reprit malignement M. de Morny, impossible de vous satisfaire, monsieur Dufaure ! Le directeur a agi par mes ordres, et, pour rien au monde, le président de la République ne voudrait vous enlever aujourd'hui aux joies de la famille.

— Mais, Monsieur, reprit avec vivacité l'ex-prisonnier, je ne veux nullement me séparer de mes collègues ; je tiens à partager leur sort, et je refuse péremptoirement toute faveur et toute grâce.

— Encore une fois, monsieur Dufaure, fit le ministre en se levant, vous êtes libre, et, comme votre liberté ne nous semble créer aucun danger, vous ne serez pas écroué, malgré votre désir. Après tout, quand on désire, autant que vous, rester en prison, on ne demande pas à en sortir. Pardonnez-moi de ne pas vous retenir plus longtemps et souffrez que je vous quitte; vous le devez comprendre, je suis fort occupé.

Et le comte de Morny se retira en saluant son solliciteur évincé.

M. Dufaure en fit autant et reprit tristement, et la tête basse, le chemin du logis conjugal, jurant bien que, si jamais la destinée le ramenait en prison, il réfléchirait longtemps avant de réclamer la faveur d'en sortir [1].

---

1. M. Dufaure, né à la Rochelle en 1798, est mort à Rueil en 1881.

UNE CONFESSION DU BARON DE LARCY.

Paris, 1882.

Il y a deux ans, je me trouvais à la campagne chez une jeune femme, alliée de ma famille, et à laquelle le baron de Larcy témoignait, depuis son enfance, une tendre affection. Bien souvent, à Paris, je m'étais rencontré chez elle avec l'aimable vieillard, et là, dans l'intimité, nous avions reçu de l'ancien ministre de très piquantes confidences sur les hommes et sur les choses de son temps.

— Vous n'avez jamais rien écrit sur mon vieil ami M. de Larcy? me dit la comtesse de X...

— Je vous demande pardon, répondis-je, j'ai sur lui quelques notes que je publierai un jour.

— Vous devriez bien me les confier, reprit la

jeune femme, je les communiquerai à l'intéressé et je vous donnerai son impression!

Ainsi fut dit, ainsi fut fait. Quelques mois après, madame de X... me renvoyait, avec les feuillets que je lui avais adressés, seize petites pages, écrites et raturées de la main du baron de Larcy.

Ce document me parut d'autant plus précieux que M. de Larcy semblait vouloir atténuer, dans ces pages, certaines appréciations un peu vives que j'émettais sur son ami M. Thiers. J'allai, sitôt son retour, voir le vice-président du Sénat pour le remercier de ses intéressantes rectifications. Je me permis de lui dire qu'il avait été bien indulgent pour l'ex-président de la République.

— Et vous, bien sévère, reprit-il en souriant. Mais quand publierez-vous vos notes biographiques? Bien entendu, n'est-ce pas, je n'y suis pour rien.

Je lui promis le secret, mais je ne pus lui préciser une date pour la publication.

— Eh bien, patientez quelque temps encore, fit mélancoliquement le vieillard; vous ferez paraître cela après ma mort, cela vaudra mieux.

Voici d'abord, sauf quelques suppressions de détail, les feuillets qui furent communiqués à M. de Larcy par madame de X... et approuvés par lui.

C'était à Paris, en 1879, à l'inauguration de la statue de Berryer dans la grande salle du Palais de Justice. Plusieurs orateurs prirent la parole, M. Nicolet, entre autres, en qualité de bâtonnier de l'ordre des avocats; celui-là fut disert, aimable, spirituel, libéral au besoin, mais on sentait qu'il parlait sans chaleur et sans conviction. Un *vieillard* parut, sur l'estrade; sa voix *chevrotante*, un peu voilée, avait peine à parvenir au fond de l'auditoire. Combien, toutefois, sa harangue, son oraison funèbre, fut supérieure à l'amplification de l'avocat!

L'émotion dont l'orateur était pénétré en parlant de Berryer, le glorieux vaincu, fut partagée par tous les assistants; il est vrai que ce n'était point de la rhétorique, mais de l'éloquence vivante, cette fois. En retraçant les longues luttes de son vieux compagnon en faveur du droit immuable, en rappelant cette vie irréprochable, cette persévérance dans la fidélité, le baron de Larcy, s'élevant à de grandes hauteurs retraça, sans s'en douter, sa propre histoire.

Qui, mieux que lui, en effet, pouvait parler de Berryer et de sa foi inébranlable dans le principe monarchique?

— Ah! quelle perte pour la France! nous disait à l'oreille, pendant ce discours, un voisin inconnu. Si M. Thiers avait trouvé Berryer à l'Assemblée de Bordeaux et de Versailles, depuis longtemps déjà, Monsieur, nous ne serions plus en république ! »

Le baron de Saubert de Larcy, né en 1805 au Vigan (Gard), a aujourd'hui soixante-quinze ans. « C'est le Raspail de la légitimité », disait de lui un de ses amis ; nul, en effet, ne fut plus constant dans ses opinions et ne donna plus de gages de dévouement à son parti. Toujours debout, sur la brèche, depuis l'année 1830, où il donna sa démission de procureur du Roi à Alais, il ne cessa de défendre par la parole, par la plume, au conseil de son département et à la Chambre, les principes qui dominaient sa vie. . . . .

. . . .

L'effondrement de la dynastie napoléonienne ramena, en 1870, le baron de Larcy à la vie politique, et son ami d'enfance et compatriote M. Thiers reçut sa visite place Saint-Georges, le lendemain même du désastre de Sedan et de la proclamation de la République.

C'est de M. de Larcy lui-même que nous tenons le récit singulier de cette entrevue, et, si jamais les princes ont pu concevoir ou conserver un doute ou une illusion sur les sentiments de M. Thiers à l'égard de la monarchie constitutionnelle de 1830, le témoignage de M. de Larcy suffira à les convaincre de la rare duplicité du premier ministre du roi Louis-Philippe.

— En entrant chez lui, nous dit un jour M. de Larcy, je ne doutai point qu'en présence des événements, sa première pensée n'eût été la restauration de la monarchie constitutionnelle et le retour de la famille d'Orléans. Chacun, du reste, lui attribuait la même pensée. Le nom des hommes qui composaient le nouveau gouvernement, l'ascendant exercé sur eux par M. Thiers, semblaient imposer cette solution. — Dans la matinée, on avait même annoncé que les princes étaient rentrés en France et avaient demandé du service.

« — Est-ce vrai? fis-je en pénétrant dans son cabinet, on assure que vos princes sont arrivés?

» — Dieu nous en garde! reprit M. Thiers avec une vivacité et une âcreté qui me déconcertèrent; nous n'avons que faire d'eux! Leur seul rôle est de rester tranquilles!

» — Mais quoi! fis-je avec un profond étonnement, est-ce bien vous qui parlez ainsi? Ignorez-vous, par hasard, qu'ils ont tous offert leur épée, et se mettent à la disposition du ministre de la guerre.

» — Encore une fois, fit M. Thiers, nous n'avons pas besoin d'eux! Ils doivent rester là où ils sont.

Si c'est pour servir dans l'armée, c'est parfaitement inutile. Nous avons six mille lieutenants et capitaines qui les valent! Si c'est pour autre chose, le gouvernement n'a qu'un parti à prendre, les faire reconduire à la frontière. »

— Cette cynique franchise de M. Thiers, ajoutait M. de Larcy, m'atterra; je compris, sans lui en demander davantage, qu'il n'était plus orléaniste.

Le plan du malin politique était déjà fait. Et certes nous ne jurerions pas, qu'à la nouvelle de la catastrophe de Sedan, de l'armée prisonnière avec son souverain, un éclair de joie diabolique n'ait traversé l'âme du grand patriote. Le sort des princes d'Orléans le préoccupait également fort peu! Son unique rêve, son idée fixe, à partir de ce moment, fut de gouverner la France : on sait quelles voies il sut prendre pour arriver à ses fins. Son voyage à travers l'Europe, entrepris pour son propre compte, n'eut d'autre but que de rassurer les cabinets et les souverains, en leur insinuant et en leur imposant, à défaut d'une restauration qu'il affirmait impossible, son ambitieuse personnalité.

Accepté, en principe, comme arbitre par les puissances neutres et par la Prusse elle-même, le prestige de M. Thiers reçut, à la suite des élections multiples dont il fut l'objet, une consécration nouvelle.

Trop fin pour se tromper sur la portée et la signification de ces votes, il ne se dissimulait point que son nom porté à la tête de vingt-sept listes était synonime de monarchie et que la France lui imposait un mandat impératif. C'est alors que, dans son premier ministère, il fit choix du baron de Larcy pour donner aux royalistes un gage de sa bonne foi et de ses aspirations.

Ce choix, cette personnalité si honorée et si pure, fut un trait de génie de la part de M. Thiers.

— M. de Larcy est ministre, disait-il aux députés légitimistes, en clignant de l'œil et les prenant à part. Vous savez ce que cela veut dire. Encore une fois laissez-moi faire, ne précipitons rien, ayez confiance dans ma vieille expérience.

Et c'est ainsi que, toujours bernés, et M. de Larcy avec les autres, les députés de Bordeaux et de Versailles, afin de mieux préparer les voies et servir la monarchie, confirmèrent les pouvoirs du malin vieillard, et en firent un président de la République. Ils ne tardèrent pas à s'apercevoir qu'ils s'étaient trompés. Il était trop tard.

Que répondre et que faire ? L'esprit infernal, l'audace impérieuse, l'incomparable génie d'intrigue de M. Thiers avaient tout prévu. Il fallait garder bonne contenance et accepter, comme sincères et de bon aloi, ses protestations et ses embrassements hypocrites.

Le tour joué, on congédia peu à peu les ministres embarrassants, et M. de Larcy fut un des premiers.

———

La première partie de cette étude avait été, sauf quelques variantes, entièrement recopiée par M. de Larcy. Toutefois, détail intéressant, le mot cité par moi qui faisait de lui le « Raspail de la légitimité » avait été changé en celui-ci « *Nestor de la légitimité* »; le mot « vieillard » modifié par cette coquette périphrase « *un homme dont l'aspect indiquait un contemporain de Berryer* », les mots « voix chevrotante » par « *voix un peu voilée* ».

Quant à la dernière partie du portrait, elle était complétée par les curieuses pages qu'on va lire, et dans laquelle l'ardent et loyal légitimiste révèle le rôle joué par M. Thiers dans ses rapports avec lui.

« L'effondrement de la dynastie napoléonienne ramena M. de Larcy sur le théâtre de la vie publique; il était alors à Paris et son ancien collègue et compatriote, M. Thiers, reçut sa visite au lendemain du 4 septembre.

» M. de Larcy s'aperçut tout de suite que l'ancien ministre de Louis-Philippe n'avait nullement l'intention d'essayer le rétablissement de sa dynastie. Il se prononça même contre la rentrée en France des princes d'Orléans ; il y voyait un embarras plutôt qu'un secours.

« — Ce qu'il nous fallait, disait-il, c'était un gouvernement anonyme ; on a voulu lui donner un nom ; j'ai refusé d'en faire partie, mais je l'accepte comme un gouvernement de fait, *de fact,* ainsi que disent les Anglais.

» Et, plus tard, à Tours, développant, en présence de M. de Larcy et de M. Janicot, les mêmes idées, après son voyage infructueux à travers l'Europe, il ajoutait :

» — J'ai dit autrefois que la République était le gouvernement qui nous divisait le moins, je ne m'en dédis pas ; je veux bien la servir encore et loyalement, mais elle a l'immense inconvénient de déchaîner les idées les plus folles et souvent les plus coupables ; je ne crois pas au succès ; et, si l'essai ne réussit pas, il faut revenir à la monarchie, mais à la *monarchie unie ;* il est impossible de songer à refaire 1830.

» Puis, à Bordeaux, lorsqu'il composa son ministère, il aurait voulu, tout d'abord, que le gouvernement restât sans étiquette. Ce fut un petit groupe, composé de MM. Dufaure, Rivet, de Maleville et autres,

qui lui imposa le titre de Chef du Pouvoir exécutif
de la République française ; mais, dans son discours
à l'Assemblée, il déclara formellement que ce n'était
là qu'une dénomination provisoire et que la France
serait libre de choisir plus tard son gouvernement et
de revenir à la monarchie.

» Lorsque M. de Larcy consentit à faire partie du
ministère, ce fut à condition qu'il garderait l'intégrité de ses opinions ; M. Thiers l'accepta ainsi hautement et jusqu'au bout, et l'appelait son *royal ami*
devant ses collègues du ministère et de l'Assemblée.
Il est vrai que, peu à peu et par suite de diverses
circonstances, sans doute aussi sous le coup de décevantes tentatives, M. Thiers pencha de plus en plus
vers la *République,* qu'il voulait, tout après, obstinément *conservatrice,* ce qui faisait l'effet, lui disait
M. de Larcy, « d'une fille habillée en religieuse ».
Enfin quand ces tendances se révélèrent trop ouvertement lors de l'entrevue des chefs de la majorité avec
le Président, en juin 1872, M. de Larcy déclara à
M. Thiers qu'il était obligé de se retirer et lui remit
sa démission. M. Thiers s'irrita, refusa, insista, se
servit de tous les moyens, de tous les arguments
pour faire revenir M. de Larcy sur sa détermination.
Celui-ci resta inébranlable. Pour lui, la mesure était
comble. Toutefois, en voyant le désappointement, la

colère de M. Thiers, on pouvait penser qu'il ne s'attendait pas à ce dénouement et que, peut-être encore, il n'avait pas tout à fait passé son Rubicon; mais il était, à coup sûr, plus près de la rive gauche que de la rive droite. On le vit bien, cinq mois après, quand il vint lire à l'Assemblée son message du 13 novembre; et cependant, ce ne fut qu'alors qu'il se décida à disposer du portefeuille de M. de Larcy, resté jusque-là vacant et comme en réserve.

» Après une période de froideur qui ne put nécessairement que s'accroître à la suite du 24 mai, les relations de M. Thiers et de M. de Larcy n'en continuèrent pas moins; elles reprirent même, vers la fin, leur ancien caractère de cordialité.

» La franchise de M. de Larcy y aidait; car il gardait avec son ancien président un franc parler qui servait à les mettre tous les deux plus à l'aise. Il y avait, d'ailleurs, au fond de la nature de M. Thiers, tant d'esprit et de sensibilité, d'expansion méridionale, qu'il savait parfois oublier ses préoccupations personnelles, et s'élever au-dessus de ses passions. Il aimait M. de Larcy parce qu'il lui rappelait leur ancien temps de commune opposition sous Louis-Philippe, de commune défense sociale après 1848; il était satisfait d'être ainsi en relation intime avec un légitimiste qui lui permettait de tout dire, qui discutait avec lui en riant et sans se fâcher, qui quelquefois lui citait Voltaire, lui prouvant qu'il le connaissait encore mieux que lui. C'est un bien grand dommage qu'une si grande intelligence, un esprit si vaste n'aient pas eu plus d'élévation, et n'aient pas su plus complètement s'affranchir de ses préjugés d'origine !

» Il faut bien dire aussi que, peut-être, on aurait pu s'y prendre avec lui plus habilement. Une dose honnête de diplomatie n'est pas défendue dans les affaires de ce monde. M. Thiers valait la peine d'être conquis. Les monarchistes dédaignèrent cette entreprise ou n'y apportèrent pas assez de soins et d'adresse ; les républicains, eux, en mirent trop ; ils allèrent jusqu'à la ruse. La modération et la cafardise devinrent le mot d'ordre sur toute la ligne. Le profond politique s'y trompa : il crut avoir dompté ou plutôt séduit le monstre. Que dirait-il aujourd'hui ?

» Mais on doit en convenir, entre les monarchistes et M. Thiers, ce n'était pas seulement affaire de tactique et de procédés ; une question plus haute encore tenait tout en suspens.

» Comment pourrait se refaire la monarchie ? dans quelles conditions ? M. Thiers ne l'admettait que dans un sens ; beaucoup de royalistes ne la concevaient que dans un autre. Lesquels étaient le plus près de la vérité? C'est là le problème, l'énigme dont aucun Œdipe n'a trouvé le secret; nous restons toujours la proie du sphinx. L'avenir révèlera peut-être le mot. M. de Larcy le cherchait lorsqu'il était auprès de M. Thiers; il ne se flattait pas de l'avoir trouvé, mais il croyait que sa mission était d'y mettre de la patience ; il n'y a renoncé que lorsqu'il en a vu l'impossibilité démontrée, mais il ne s'en est jamais consolé.

» Les mêmes problèmes se sont présentés sous d'autres formes avec la présidence du maréchal de Mac-Mahon. Appelé à faire partie de l'un de ces cabinets, M. de Larcy s'est trouvé là, en présence du duc de Broglie et du duc Decazes, dans des situations, non pas semblables, mais analogues à celles où il s'était rencontré vis-à-vis de M. Thiers. Il n'a pas été plus heureux et a été témoin d'un nouvel échec, qui n'a fait que s'aggraver depuis. Il lui reste l'amère satisfaction de se dire qu'il croit avoir donné de sages conseils qui n'ont été ni compris ni suivis; mais ce qui peut être un dédommagement pour l'amour-propre n'est pas une consolation pour le patriotisme et, aujourd'hui, à la vue de tant de ruines, sur son siège du Sénat à moitié croulant, il n'y a plus place dans son âme que pour la douleur, l'indignation et la fidélité quand même, aux principes qui ont fait la France, et sans lesquels elle ne peut vivre. »

———

Malgré lui, M. de Larcy, dans ces notes autobiographiques et très personnelles qu'il s'imaginait devoir être signées par moi, n'avait pu se défendre d'atténuer le rôle odieux de son ami d'enfance, de son vieux camarade Thiers. Il avait, en effet, conservé pour lui un reste de tendresse, mélangée, il est vrai, d'un peu de mépris. Je crains fort que la postérité ne soit moins indulgente. Le baron de Larcy est mort subitement, en Bourgogne, chez un de ses amis au mois d'octobre 1882. Il était né au Vigan (Gard) en 1805.

SI LE MARÉCHAL AVAIT VOULU ?

Les républicains, à la Chambre et dans les journaux, se disputant souvent la gloire d'avoir songé à un coup de force pendant la période du 16 Mai, il nous a paru intéressant de reproduire quelques feuillets de mon journal pendant cette douloureuse et honteuse période, durant laquelle M. de Broglie ne cessa d'adjurer le Maréchal de prendre une détermination et d'arborer résolument un drapeau. Les événements ont prouvé que le conseil était bon.

Paris, 4 octobre 1877.

Je voyais, ce matin, un homme de grand sens qui

m'inspire autant de confiance que de respect. Il est aussi peu républicain que moi, il est vrai, et, ainsi que moi, fait des vœux ardents pour le succès du Maréchal, — mais, hélas ! sans grand espoir.

Toutefois, nous nous communiquions nos impressions et constations que le gouvernement n'avait point gagné en crédit et en force. Nous déplorions surtout que des mesures énergiques n'eussent pas été prises dans les vingt-quatre heures qui ont suivi la chute du ministère Simon. L'acte du 16 Mai, en effet, pour devenir populaire et avoir des conséquences durables, devait être accompagné de mesures nettes et radicales qui eussent clairement démontré au pays quelles était les intentions et le but du Maréchal. On aime, en France, ce qui est net et définitif.

Ainsi, après le changement immédiat des préfets, excellente et indispensable mesure, on devait, sans hésiter un instant, dissoudre le ridicule conseil municipal de Paris et le remplacer par une commission municipale...

Quant aux motifs de dissolution, quel est l'honnête homme qui eût songé à les discuter ? Le conseil municipal de Paris n'avait-il pas depuis longtemps comblé la mesure et lassé la patience ?

La dissolution de la Chambre obtenue et la date des élections fixée, le Maréchal aurait dû immédiatement instituer, en même temps que le nouveau conseil de Paris, une grande commission composée de sénateurs et d'ex-députés, d'économistes et de publicistes, chargée de présenter, dans un bref délai, au gouvernement, quelques projets populaires, une diminution d'impôt, un règlement quelconque intéressant les classes ouvrières, et cela, afin que l'inanité et la stérilité des discussions oiseuses de la Chambre fussent bien et dûment constatées aux yeux de tous.

Quant à la licence accordée aux 363 de se réunir, de comploter ouvertement, de manifester, ce fut une faute irréparable. Le jour même de la dissolution, il eût fallu interdire toute réunion à Versailles, poursuivre tout acte public des ex-membres de la Chambre, et considérer ces actes comme actes de rébellion; de plus, comme mesure générale, tout député ou sénateur ayant signé le manifeste hostile au Maréchal, eût dû être révoqué de ses fonctions.

Le commissaire général de l'exposition et tout son personnel républicain eussent dû être congédiés sur l'heure, sans attendre les impertinentes réserves de M. le sénateur Krantz. Les procureurs généraux hostiles ou tièdes eussent dû, comme les préfets, être remplacés dans les vingt-quatre heures. Bref, il eût fallu se souvenir de ce qui avait été fait le lendemain du 4 septembre 1870.

Sans laisser à la presse le temps de discuter les actes du Maréchal et d'insulter sa personne et ses ministres, il eût fallu, sans hésitation, poursuivre et condamner, sans interruption, tous les journaux prêchant hautement la rébellion.

Ceci fait, le conseil des ministres devait résolument aborder la question de principes de gouvernement et fixer enfin l'avenir.

Au nom de l'ordre, de la société menacée, de la religion insultée, devant les attaques furibondes des républicains, il était urgent d'avoir un but défini, précis, et de choisir entre la *monarchie* ou l'*empire*.
— Ces deux solutions étaient entre les mains du Maréchal.

Quant à moi, je n'eusse pas hésité à pencher pour la première. Mais la seconde, malgré ses dangers et ses inconvénients, est encore préférable à la honte et aux dangers de la République, régime dont il fallait sincèrement laisser pressentir la disparition.

Le tort du Maréchal, à mon sens, est d'avoir continué à arborer le titre de président de la République et d'avoir prononcé ce mot dans ses manifestes. Il eût fallu plus de franchise et déshabituer le pays, peu à peu, de la chose aussi bien que du mot.

J'admets, pour un instant, la *solution impériale*. Supposons le Maréchal décidé à restaurer l'Empire. Tous les préfets nommés prennent, sans exception, l'engagement formel, avant leur nomination, de travailler à ce but; la plupart des sous-préfets sont également consultés en ce sens, avant l'apparition de leur nom à l'*Officiel;* prudente précaution.

La Commission municipale de Paris est, en même temps, recrutée parmi les hommes les plus honorables et les plus influents de l'Empire. Le maréchal Canrobert est nommé gouverneur de Paris. Nul candidat à la députation n'est accepté et déclaré candidat officiel, sans avoir pris l'engagement formel de réclamer la révision dans le sens d'une restauration impériale. — Les élections sont fixées à courte échéance; et ainsi, dans le pays, un grand courant bonapartiste eût précipité les événements et amené d'une façon pacifique la fin de la République. Cette solution, comme je l'ai dit, était dans la main du Maréchal. Les écrivains et publicistes n'eussent pas manqué d'arguments pour démontrer que, seul, le régime impérial, l'Empire nouveau, égalitaire, libéral, sorti de l'immortelle Révolution, pouvait désormais donner satisfaction aux besoins matériels et sauvegarder les libertés nationales. On eût eu facilement raison, soit par l'intimidation, soit par des promesses, des principaux meneurs républicains. Qui en doute?

Grâce à ces procédés, les élections eussent très certainement été favorables à l'Empire.

Les Chambres, et non point un nouveau plébiscite, amenaient sur le trône Napoléon IV.

En présence d'une majorité bonapartiste dans la Chambre, la disparition de la République n'eût été qu'une affaire de forme.

J'arrive à la *solution monarchique*, celle pour laquelle, je l'avoue, sont mes préférences. Je la désire de toutes les forces de mon âme, parce que j'aime mon pays et que je crois cette solution plus favorable que toute autre à sa grandeur, à sa prospérité et à la paix de l'Europe. Si on examine seulement, à la surface l'état présent des esprits en France, cette solution paraîtra hérissée de grandes et nombreuses difficultés.

Tout eût réussi, et, pour peu que l'on en doute, il suffit de se rappeler ce grand courant monarchique qui a traversé le pays en 1873, et à la suite duquel M. le comte de Chambord fut à la veille de remonter sur le trône.

Donc le maréchal de Mac-Mahon, admettons-le pour un moment, a le ferme et sincère désir de restaurer en France la famille de Bourbon et de céder la place au roi légitime.

Voyons quels actes auraient pu préparer ce grand dessein.

La Commission municipale de Paris eût dû naturellement, dans ces prévisions, être choisie parmi les personnes, non point absolument royalistes (depuis vingt-cinq ans, la France n'ayant plus de roi, les vieux serviteurs de la monarchie ont en grand nombre disparu de ce monde), mais parmi les conservateurs de toute opinion, lesquels, consultés et interrogés l'un après l'autre par le Maréchal et le ministre de l'intérieur, eussent consenti à travailler à cette solution. — Il en eût été de même pour les préfets, les hauts magistrats, et pour les candidats à la députation, agréés par le Gouvernement. — Le ministre de la guerre, les grands fonctionnaires, eussent été pris également parmi les partisans les plus notoires et les plus dévoués de la monarchie. — Peu de temps avant les élections, dont le jour eût été fixé à bref délai (comme dans le cas de la solution impériale), le Maréchal se fût concerté avec M. le duc d'Aumale, qu'il aurait pu nommer gouverneur général de Paris ou investir d'une grande dignité militaire. Le but étant implicitement déclaré par une série d'actes et de mesures concomitants, la France se serait peu à peu habituée à la pensée de la restauration monarchique.

La presse, de son côté, eût préparé les esprits, et, grâce à la fermeté de l'administration et des tribunaux, les outrages sans nom et les calomnies que les orateurs et journalistes républicains déversent impunément sur la religion et la monarchie n'eussent pas excité le peuple au mépris et à la haine de ce qu'il doit respecter.

Pendant ce temps, M. le comte de Chambord, dont la sagesse et le patriotisme ne peuvent être discutés, aurait sans doute jugé opportun de parler discrètement, ou du moins de faire pressentir ses résolutions. Le prestige et l'autorité de son nom, joints à l'éloquence de ses paroles, eussent réduit à néant, en grande partie, les fables ridicules répandues sur ses doctrines, ainsi que les étranges desseins qu'on lui prêtait. La diplomatie européenne aussi bien que les honnêtes libéraux de France auraient été amplement rassurés d'avance, et je suis intimement persuadé que l'avènement de cette admirable Maison de France, compacte et unie, eût été loin de soulever les difficultés que les esprits chagrins et les libres penseurs se plaisent à supposer.

Les partisans les plus dévoués et les plus personnellement engagés de l'Empire eussent, sans aucun doute, cherché à combattre les projets du Maréchal ; mais le haut personnel administratif, tenu à l'écart depuis sept ans, n'eût pas hésité un seul instant à faire acte d'abnégation et de patriotisme, et à préparer l'avènement d'un régime régulier. Les adhésions fussent venues en foule, et l'activité et le dévouement d'hommes jeunes, ardents et intelligents, n'eussent pas fait défaut au nouvel ordre de choses. — L'armée est composée en majeure partie d'éléments monarchiques, et, de ce côté, le gouvernement n'aurait eu à craindre aucun embarras.

Nombre de républicains se seraient, j'en suis sûr, consolés en se disant que la monarchie les délivrait du moins du spectre de l'Empire, et de la terreur de justes représailles.

ROMANS ET VALENCE.

BONAPARTE ET GAMBETTA.

1776 — 1877

Je viens de faire un séjour dans deux petites villes du bas Dauphiné, qui, chacune, dans l'histoire, auront une célébrité relative pour avoir abrité deux grands hommes. — Romans est à jamais consacré par le discours programme prononcé, un beau matin, dans ses murs par l'avocat Gambetta. C'est à Valence que le lieutenant d'artillerie Bonaparte a passé les plus belles années de sa jeunesse. Hélas! faut-il l'avouer? La gloire est chose si fragile, qu'à Valence on a tout à fait oublié les fastes du lieutenant empereur, tandis que la ville de Romans vibre encore sous l'impression des souvenirs de l'enfant de Cahors.

Romans, chef-lieu de canton du département de la Drôme, est une petite ville moyen âge fort curieuse, qui possède plus de douze mille habitants. Elle doit aujourd'hui son renom à deux causes : d'abord à la vivacité de ses opinions républicaines, ensuite à la perfection et à la multiplicité de ses ateliers de cordonnerie.

Un habitant de la ville, de mes amis, qui, pour son malheur, n'est ni cordonnier, ni républicain, nous a révélé le motif qui permet à Romans de tenir un rang si honorable et si envié dans la démocratie méridionale :

— Romans, nous dit-il, est une des citadelles inexpugnables de la République, par cette raison bien simple, c'est que le feu sacré y est perpétuellement entretenu par quatre cents bons forçats internés dans ses murs !

Tout s'explique ! — Je ne sais toutefois si M. Gambetta, en choisissant ce bourg vraiment pourri pour théâtre de son éloquence, connaissait ce détail. Peut-être ignore-t-il, encore aujourd'hui, devant quel public trié il a proféré sa superbe harangue : « *Le cléricalisme, c'est l'ennemi.* »

Quant aux naturels de Romans, ils parlent toujours avec émotion des détails de la fameuse journée qui a fait leur ville illustre. La chaleur était

18.

suffocante; le grand homme fit son entrée, précédé de la musique, au milieu des vivats et des drapeaux. Il marchait seul, suivi à quelques pas par ses acolytes et sa troupe. La sueur perlait sur ses tempes qu'il épongeait avec frénésie; il tenait à la main un chapeau mou; un modeste veston couvrait ses rudes épaules.

Toutefois, il y eut, nous dit-on, légère déception parmi les purs. Les dames surtout manquèrent d'enthousiasme. On se l'était figuré plus grand; on le rêvait plus beau. Bref, cette entrée rappelait trop celle qu'exécuta, dans la ville de Nîmes, l'immortel *Ompdrailles le lutteur.*

Quoi qu'il en soit, la parole du prophète a laissé des traces; son nom et sa politique y sont encore suffisamment vénérés. Seulement, on le trouve un peu tiède, et M. Clovis Hugues, *le Rempart de Marseille,* sur l'estrade de la démocratie, tomberait certainement l'ancien triomphateur de Romans.

Mais entrons à Valence; il est temps d'arriver à Bonaparte. Ici, on me pardonnera de remonter aux années de mon enfance, vers l'an 1843. Je n'oublierai jamais certaines visites dans lesquelles j'accompagnai mon père chez une ancienne amie de notre famille. L'excellente dame habitait, rue de Grenelle-Saint-Germain, un modeste appartement au second étage, dans une maison située en face de la fontaine de Bouchardon. Malgré son âge, — elle avait près de quatre-vingts ans, — je la vois encore droite, dans sa taille élégante, avec sa figure fine, un peu sévère, encadrée dans ses bandeaux de cheveux blancs. Or la vieille dame n'était autre que la baronne de Bressieux, mademoiselle Caroline du Colombier, de Valence, la seule femme, dit-on, qui ait sincèrement fait battre le cœur de Napoléon Ier.

C'est au mois d'octobre 1785, que le sous-lieutenant Bonaparte, du 4e régiment d'artillerie de la Fère, débarqua à Valence. Il fut logé, par billet de la municipalité, dans la maison d'une vieille fille, mademoiselle Bou, qui forme l'angle de la Grande-Rue et de celle du Croissant. Trouvant la chambre à sa convenance, il s'y installa, et, dans les divers séjours plus ou moins longs que le jeune officier fit à Valence de 1786 à 1791, il n'eut pas d'autre logement. En 1792, au mois de mars, il traversa Valence fier de son grade de capitaine, et descendit rue de la Perollerie, hôtel des *Trois Pigeons*, chez le sieur Gény, traiteur. — Il y a quelques années, une plaque de marbre, apposée sur la maison de mademoiselle Bou, rappelait le souvenir de Bonaparte; depuis, la maison a été réparée, et la plaque a disparu.

Les camarades les plus intimes du lieutenant étaient le chevalier des Mazis, MM. de Sucy, La Riboisière et Bachasson de Montalivet.

Détail assez piquant : le jeune Corse fut introduit dans la société de Valence par un ecclésiastique, M. de Saint-Ruf, abbé crossé et mitré, homme aimable, fort instruit, auquel l'avait recommandé son oncle l'archidiacre Lucien Bonaparte.

Un des salons les plus recherchés de Valence — il existait, paraît-il, à Valence, des salons gais, à cette époque du bon vieux temps — était celui de madame Grégoire du Colombier, veuve spirituelle et de belles manières, qui faisait avec amabilité les honneurs de sa maison, aidée de sa fille, charmante enfant de dix-sept ans.

On chantait la musique de Garat, on lisait des vers, on dansait la gavotte, chez madame du Colombier. Quoique d'humeur sauvage et un peu altière, le petit lieutenant corse conçut pour mademoiselle du Colombier un vif attachement. La fortune de l'humble officier était très minime; mais l'idée d'une alliance ne déplut pas à madame du Colombier, en raison de la naissance de Bonaparte. Toutefois, on recula la douce échéance à un grade plus élevé.

Ces dames possédaient dans les environs de Valence, sur la jolie route de Saint-Peray, une maison de campagne appelée Basseaux. Les jeunes officiers de Valence y étaient bien accueillis. Bonaparte y allait plus souvent que les autres ; quelquefois même on le retenait à coucher. Qui pourrait dire si ces heures écoulées à Basseaux ne furent pas les plus heureuses de la vie du conquérant de l'Europe. Ces souvenirs de jeunesse, il faut l'avouer, sont comme les temps héroïques de l'histoire ; le cœur de l'homme s'y révèle par ses sensations les plus pures et les plus puissantes. A Saint-Hélène, Napoléon revenait avec attendrissement sur ses années passées à Valence et parlait de sa passion pour la jeune fille et de ses visites à Basseaux.

— Nous nous ménagions, disait-il, de petits rendez-vous, et tout notre bonheur se réduisait à manger des cerises.

Ce n'était cependant pas à Valence que devaient être fixées les destinées de l'officier Bonaparte. Il dut quitter cette garnison attachante. L'avancement tardant trop aux yeux de madame du Colombier, très ambitieuse belle-mère, le pauvre officier dut renoncer à ses rêves, et, le 31 mars 1792, la fiancée qu'il avait choyée épousait M. Garampet de Bressieux, chevalier de Saint-Louis, ancien capitaine au régiment de Lorraine, ayant quelque bien.

Pour ne point manquer à la vérité de l'histoire, il faut bien avouer que l'amour n'absorbait pas complètement à Valence les heures de Bonaparte. L'artilleur taciturne étudiait avec ardeur, et le baron du Theil, maréchal de camp, inspecteur général d'artillerie, ne ménageait point les éloges au futur vainqueur d'Austerlitz.

L'élite des officiers et de la société de Valence se réunissait chez le libraire Marc Aurel dans la célèbre *Maison des Têtes*, pour jaser sur la politique et la littérature. Au mois d'août 1791, un concours fut ouvert à Lyon, avec un prix de 1,200 francs, destiné à l'auteur du plus remarquable mémoire sur cette question : « Quelles vérités et quels sentiments importe-t-il d'inculquer aux hommes pour leur bonheur? » Le capitaine Bonaparte concourut sans succès ; ce fut M. Daunou qui remporta la palme.

Les années se succédèrent et le monde commençait à se remplir déjà du nom de l'amoureux de mademoiselle du Colombier. En revenant d'Égypte, le jeune général en chef, s'arrêta avec son état-major près de Valence, au relais de poste de la Paillasse, petit village distant de Basseaux d'un quart de lieue. Là, il dépêcha un courrier auprès de ces dames. La maison, hélas! était vide; ces dames étaient à Bressieux, près de Tullins, à quelques lieues de Grenoble. La chance poursuivait décidément Bonaparte.

Ce ne fut que plus tard, étant empereur, que Napoléon revit son ancienne fiancée. L'entrevue eut lieu à Lyon. Madame de Bressieux aimait à raconter que le souverain du monde avait été aussi ému qu'elle au souvenir des jours passés. M. de Bressieux, je crois, reçut une position importante dans les finances; quant à la jeune femme, l'Empereur, avec un tact exquis, désira qu'elle fût attachée à la personne de l'Impératrice mère, voulant abriter ses souvenirs si purs et si chastes sous l'égide sacrée de sa mère.

Madame de Bressieux est morte en 1845, laissant deux fils, dont l'un occupa dans l'armée une situation élevée.

M. MIGNET.

SOUVENIRS PERSONNELS.

Paris, 1884.

L'année dernière, ayant eu à intervenir en faveur d'un ami intime, auprès de M. Mignet, j'eus l'occasion d'approcher plusieurs fois le célèbre historien. — M. Mignet habitait, rue d'Aumale, au n° 14, une maison contiguë au jardin de l'hôtel Thiers, qui appartient aux héritiers du « grand homme », c'est-à-dire à mademoiselle Dosne. Je n'avais vu M. Mignet qu'une seule fois dans ma vie, il y a trente-cinq ans. C'était en 1849, je me promenais sur le boulevard des Capucines avec mon père, déjà fort âgé, lorsqu'il rencontra son ancien collègue des affaires étrangères et causa longuement avec lui. En le quittant, mon père me nomma à lui : voilà comment j'avais été présenté à M. Mignet.

Je songeais à cette rencontre et à tous les événements qui s'étaient passés depuis, en gravissant, il y a un an, les quatre étages de l'escalier du doyen de l'Académie. La pièce dans laquelle je fus introduit était garnie de livres jusqu'au plafond. Le vieillard, assis sur un escabeau, devant une petite table, les genoux entortillés dans une couverture, lisait attentivement. M. Mignet avait alors quatre-vingt-six ans : ce n'était plus précisément « le beau Mignet », comme on disait en l'année 1840. Mais sa physionomie pleine de finesse, ses traits réguliers, ses cheveux blancs bouclés, ses yeux noirs, toujours vifs, expliquaient bien les passions dont fut l'objet le premier historien de la Révolution française.

M. Mignet me demanda aussitôt si j'étais le fils de M. d'Ideville, membre de la Chambre des députés sous le roi Louis-Philippe, et son collègue au conseil d'État. Je lui rappelai ma présentation sur le boulevard des Capucines, en 1849, incident dont il n'avait, bien entendu, gardé nul souvenir. Puis je lui contai mon entrée au ministère des affaires étrangères, et mon séjour de six ans en Italie. — L'ancien directeur des Archives voulut bien m'interrompre alors, dans les termes les plus aimables, à propos de mon livre *Journal d'un diplomate en*

Italie. Un nom surtout, je dois le dire, l'avait frappé dans ces notes intimes, celui de la princesse Belgiojoso. Ce nom, rappelé par moi, évoqua aussitôt, dans l'âme du vieillard, les plus chers souvenirs. Je lui parlai de la princesse avec chaleur; toutefois mon enthousiasme, je dois le dire, fut vite dépassé par celui de mon interlocuteur. Le vieil ami de la « grande Italienne » s'entretint d'elle avec feu et avec une satisfaction non déguisée. Je lui donnai, moi-même, la réplique et lui contai ma première rencontre, à Turin, chez la marquise de Rora, sœur de la princesse, puis son installation à Milan et dans sa villa du lac du Côme. Je lui parlai de sa charmante fille, la marquise Trotti, de ses deux sœurs, de son frère.

Bref, nous nous trouvions en pays ami et transportés bien loin de Paris et de l'an 1883.

— Elle était déjà bien malade et fort changée quand vous l'avez vue, en 1859, à Turin, me dit M. Mignet. Ah! si vous l'aviez connue alors qu'elle habitait à Paris son hôtel de la rue Notre-Dame-des-Champs. Quelle femme intelligente et belle, et quelle patriote passionnée ! Elle n'avait conservé que l'éclat de ses yeux, quand vous la vîtes en Italie. Une maladie nerveuse, de grandes souffrances, l'avaient pliée avant l'âge. C'était une femme ardente, d'une rare énergie, un tempérament d'une haute originalité.

— Je ne l'ai malheureusement connue, en effet, que dans ses dernières années, dis-je à M. Mignet, mais j'ai pu l'apprécier ; elle daignait me témoigner de l'amitié et j'ai d'elle des lettres charmantes.

Ce dernier trait acheva de me gagner le vieil ami de Christine Trivulzio. Si, au lieu de plaider la cause d'un autre, j'avais eu à solliciter une faveur personnelle, je suis certain que M. Mignet eût tout accordé au ci-devant jeune homme de goût sûr qui avait conservé de la « grande Italienne » un souvenir si vivant !

M. Mignet porte gaillardement ses quatre-vingt-six printemps. Il sort tous les jours à pied, ne manque aucune réunion de l'Académie et dîne plusieurs fois la semaine chez sa voisine, mademoiselle Dosne.

Tous deux, restés célibataires, forment les derniers débris d'un salon et d'une génération disparus. Seuls, M. Barthélemy Saint-Hilaire ou M. Mignet pourraient écrire d'intéressants et véridiques mémoires sur les soirées de la place Saint-Georges, et retracer les brillants monologues que M. Thiers, après un léger somme, exécutait chaque soir devant son petit cercle émerveillé.

M. Mignet est un des derniers représentants d'une grande époque. C'est le type du véritable, du parfait lettré, du grand historien. Il est peu de carrières littéraires aussi calmes, aussi laborieuses, aussi pures que la sienne. Il a toujours côtoyé la politique active. Il est vrai d'ajouter que son meilleur, son plus ancien ami, M. Thiers, s'y adonnait si éperdument qu'il suffisait à M. Mignet de savoir son compatriote premier ministre pour que son ambition fût satisfaite. L'étude lui apporta, certainement, plus de jouissances que tous les triomphes parlementaires.

Pendant la durée du gouvernement de Juillet, l'ancien ami des Carrel et des Manuel ne voulut accepter du Roi que le titre de conseiller d'État et la situation de directeur des Archives au ministère des affaires étrangères, situation où il lui était loisible de se livrer tout entier à ses travaux historiques.

La révolution de 1848 le chassa de cette retraite, faite pour lui et si bien appropriée à ses goûts et à ses habitudes. Lorsque M. de Lamartine quitta le ministère des affaires étrangères, le 4 mai 1848, pour devenir membre de la Commission exécutive, le portefeuille des affaires étrangères, fut confié à M. Jules Bastide, publiciste médiocre qui, dans un excès de zèle malencontreux, s'empressa de révoquer M. Mignet de ses fonctions. Celui-ci, sans faire une observation, se hâta de quitter l'hôtel des Archives, rue Neuve-des-Capucines, où il était installé depuis dix-huit ans. Il porta ses pénates rue d'Aumale, dans la maison où son ami M. Thiers lui avait réservé le modeste appartement qu'il occupe encore aujourd'hui.

Lorsque M. Bastide, — tout fier d'avoir évincé un haut fonctionnaire, suppôt de l'ancien ordre de choses, — vint annoncer le départ de M. Mignet à M. de Lamartine, celui-ci se montra fort irrité et très confus de la niaiserie de son ancien subordonné. Il lui fit comprendre que M. Mignet, son collègue à l'Académie française, un des esprits les plus distingués de France, vétéran des luttes libérales, était un honneur, une gloire pour tout gouvernement qu'il voulait bien servir. M. Bastide courut rue d'Aumale, s'excusa, supplia; — mais ce fut en vain : M. Mignet avait pris sa détermination et répondit par un refus impitoyable.

Les nombreux travaux historiques de M. Mignet suffiraient à remplir la vie de plusieurs hommes remarquables. La première fois que je le vis, après lui avoir parlé de notre chère princesse, je lui répétai le propos d'un professeur d'histoire, propos que mon fils, rhétoricien du collège Rollin, m'avait cité quelques jours auparavant. « La meilleure histoire de la Révolution, avait dit M. X..., la plus claire, la plus vraie et la plus vivante, celle qui a servi de thème à toutes les autres, est, sans contredit, le merveilleux précis de M. Mignet ! » — Cet éloge sincère parut faire un sensible plaisir au vieil historien :

— Savez-vous, monsieur d'Ideville, me dit-il, qu'il y a cinquante ans, un demi-siècle, que parut la première édition de ce livre. Je le composai avec amour, je dois le dire, et avec enthousiasme. Bien des témoins, bien des acteurs de la Révolution vivaient encore : c'est d'eux-mêmes que je tiens la plupart des détails que je mis en lumière : voilà son seul mérite ; — mais je suis bien aise, je vous l'avoue, de savoir que l'ouvrage est encore goûté.

Je rencontrai plusieurs fois mon illustre voisin M. Mignet, se promenant à pas lents, au soleil, le long de la rue de Châteaudun. Une des dernières fois que je l'accostai, c'était, si j'ai bonne mémoire, le surlendemain du jour où les princes d'Orléans, M. le duc d'Aumale et M. le duc de Chartres, furent rayés des rôles de l'armée. Le bon vieillard ne me dissimula point l'indignation et la tristesse que lui causait ce procédé : il me parla, à cette occasion, du dévouement de son ami, M. Thiers, pour ces mêmes princes, aujourd'hui chassés de l'armée par ses successeurs. J'avoue que l'intervention du nom de M. Thiers, en cette occurrence, me parut quelque peu inopportune. Quant à moi, je gardai un silence prudent, sachant trop pertinemment, hélas ! grâce à une confidence de M. de Larcy, le rôle odieux joué par l'ami de

M. Mignet, en 1870, au moment où ces mêmes princes s'apprêtaient à rentrer en France pour offrir leur épée à la République.

M. Mignet, ce matin-là, était plein de verve et d'animation : il m'amena clopin-clopant, rue Saint-Lazare, devant la vitrine d'un célèbre marchand de gravures, pour me faire admirer un portrait colorié du temps, représentant M. le duc d'Aumale en colonel du 17e léger, ainsi qu'un groupe des fils du roi Louis-Philippe, en tenue militaire.

— Je regarde chaque jour, en passant, ces images, me dit l'ancien libéral de 1830, l'ami de Manuel ; elles me rappellent des temps heureux qui ne sont plus.

A ce moment, l'avouerai-je, je fus tenté de glisser à M. Mignet que, sans l'ambitieux orgueil de son meilleur ami, M. Adolphe Thiers, ces temps heureux, si justement regrettés, auraient pu reparaître encore. Mais je n'eus garde de détruire ses illusions, et, plein de respect et d'admiration, je reconduisis, un bout de chemin, le vénérable et charmant octogénaire, que je suivis des yeux, gravissant gaillardement les hauteurs accoutumées de la rue d'Aumale.

UNE LETTRE DE ROI.

Paris, 17 juillet 1884.

L'autre matin, au coin de la rue du Faubourg Saint-Honoré, je me suis croisé avec le modeste équipage qui ramenait à leur domicile, hôtel Vouillemont, les deux plus augustes souverains que je connaisse, Sa Majesté le roi François II de Naples, et la reine Marie-Sophie. En m'inclinant avec émotion et respect devant ce couple royal, je songeais à ce méchant livre, *les Rois en exil*, l'œuvre la plus médiocre, la plus fausse qui soit sortie de la plume de mon ami Alphonse Daudet.

C'était en 1862, à Rome, — alors que j'étais secrétaire de l'ambassade de France, que je fus présenté aux souverains exilés. Ils habitaient, tantôt le palais Farnèse, tantôt une modeste villa près d'Albano. Pendant les trois années de notre séjour à Rome, il nous fut permis d'assister aux transformations et aux vicissitudes de la maison royale de Naples. Chaque année, le Roi était contraint de diminuer ses dépenses et son train. Les chevaux, les voitures disparaissaient peu à peu des écuries du palais Farnèse : il fallait subvenir à tant de frais ! soulager tant de misères et de dévouements cachés !

Bientôt la Reine, réduite à deux chevaux de selle, et à une victoria, ne quitta plus la campagne.

Je la revois encore, dans l'éclat de la jeunesse et de la beauté, avec sa taille souple et son élégante distinction. Ses yeux et sa physionomie avaient un charme singulier, lorsqu'elle parlait et s'animait. Mais seule, et c'est ainsi qu'on la rencontrait le plus souvent au Pincio et dans les environs de Rome, il était impossible de ne pas être frappé de la tristesse et de l'accablement plus profond que résigné empreint sur sa figure. La présence du Roi n'avait pas toujours le don de ramener la joie dans ce cœur désenchanté.

— Le temps le plus heureux de ma vie, disait-elle un jour devant moi, celui que je regrette le plus, ce sont les jours passés à Gaëte. Oh ! oui, je vivais alors, j'étais Reine, je me sentais utile.

On sait, en effet, avec quelle énergie, avec quel courage, la jeune souveraine partagea à Gaëte les dangers et les fatigues de ses fidèles défenseurs. Les témoins de ce siège héroïque en ont gardé le souvenir ineffaçable.

Le roi François II, lorsque je le vis pour la première fois à Rome, avait vingt-neuf ans. La taille est élevée, souple, la physionomie intelligente. Il est brun, comme tous les Bourbons de Naples.

Ses yeux noirs sont un peu voilés. Il ressemble à son père, le roi Ferdinand II, et aussi, dit-on, à sa mère, Marie-Christine, princesse de Sardaigne, véritable sainte, morte à vingt-quatre ans, trois jours après la naissance de son fils. L'enfance du Roi a été douloureuse; depuis qu'il est au monde, sa vie n'a été qu'une longue suite d'épreuves, de déboires et de désillusions; c'est un esprit sérieux, une âme droite, fière et résignée. Nul n'a supporté, avec autant de dignité et de grandeur, les tortures de l'exil, les injustices et les cruautés de la fortune. Devant ce couple royal, foudroyé, isolé, toujours à l'écart des fêtes et des splendeurs de Paris, refusant de s'associer à aucun des plaisirs et des distractions que l'aristocratie française eût été si jalouse de lui offrir, qui ne s'inclinerait avec admiration?

A propos des souvenirs du siège de Gaëte, dont le

roi et la reine de Naples sont justement fiers, nous avons retrouvé récemment une lettre fort belle, que le jeune roi de vingt-sept ans adressait à l'empereur Napoléon III.

C'est un document très peu connu et qui fait honneur aux races royales.

« Gaëte, 13 décembre 1863.

» Monsieur mon frère,

» La lettre que Votre Majesté m'a fait l'honneur de m'écrire et que l'amiral de Tinan vient de m'apporter, me jette, je dois l'avouer, dans une cruelle anxiété. Mon intention déterminée était de résister jusqu'à la dernière extrémité et de sauver, au prix des plus grands sacrifices, mon honneur militaire, puisque les événements m'empêchent de délivrer mes États d'une injuste oppression. Mais les affectueux conseils que me donne Votre Majesté, joints aux raisons que sa haute sagesse fait valoir, et surtout la pensée du retrait de son escadre, me frappent et ébranlent mes résolutions. Ceci étant, Votre Majesté ne sera ni surprise ni contrariée, si je lui demande quelque temps avant de prendre un parti définitif.

» Bien que je fusse informé que l'escadre française ne pouvait indéfiniment rester dans ce golfe, mes renseignements personnels et les assurances particulières qui me parvenaient me faisaient espérer que son séjour se prolongerait, ou qu'au moins le drapeau français resterait arboré sur un des vaisseaux de l'escadre.

» Appréciant les motifs de Votre Majesté et rempli de reconnaissance pour sa sympathie jusqu'alors si efficace, je ne peux que déplorer le rappel de sa flotte, qui, laissant la mer libre à mes ennemis, aggrave considérablement ma position.

» Il est donc de mon devoir, d'étudier de plus près mes ressources, afin de savoir s'il m'est possible de continuer, sans cet appui, une longue résistance; c'est précisément ce que je fais en ce moment, avec le désir sincère d'éviter ces deux écueils contre lesquels pourraient se briser mon avenir et s'obscurcir mon nom : la faiblesse et la témérité.

» Sire, Votre Majesté le sait, les rois qui partent, remontent difficilement sur le trône lorsqu'un rayon de gloire n'a pas éclairé leur infortune et leur chute. Je crains, qu'après l'ivresse d'un triomphe dû plutôt à la pusillanimité et à la trahison de mes généraux qu'à leur propre force, les envahisseurs de mon royaume ne rencontrent d'immenses difficultés à asservir mes sujets, au nom d'idées qui répugnent autant à leurs intérêts qu'à leurs traditions.

» Les difficultés qui se dressent en Europe, en même temps que la haute intelligence de Votre Majesté et l'autorité dont Elle jouit, me font espérer que le jour n'est pas éloigné où les principes de droit, de devoir et de justice ne seront plus foulés aux pieds par le Piémont. Si ces espérances sont un rêve, il existe, au moins, un point sur lequel la discussion ne saurait être admise :

» En combattant pour mes droits, en succombant avec courage, avec honneur, je resterai digne du nom que je porte, et laisserai un salutaire exemple aux princes futurs. — S'il est vrai que je doive abandonner tout espoir de résistance, il me reste encore à prouver au monde que je suis supérieur à ma fortune.

» Ici, je suis souverain en principe, mais général de fait. Je n'ai plus de royaume et ne possède plus qu'une citadelle et quelques soldats fidèles. Dois-je, devant la probabilité de périls personnels, et par crainte d'effusion du sang que j'ai voulu éviter à tout prix, abandonner une armée qui veut conserver l'honneur de son drapeau, déserter une place dans laquelle mes ancêtres ont dépensé tant d'efforts pour en faire le dernier boulevard de la monarchie ?

» Votre Majesté, excellent juge en cette matière, peut décider, mieux qu'aucun autre, si, en m'éloignant, sans être absolument certain de l'efficacité de mes ressources, j'aurai accompli, jusqu'à la fin, mes devoirs de soldat. Je puis mourir ou être fait prisonnier, c'est vrai! Mais les princes ne doivent-ils pas savoir mourir à propos? François Ier fut prisonnier; il ne défendait pas comme moi son royaume; ses contemporains et l'histoire lui ont tenu compte d'avoir exposé sa personne et d'avoir su endurer la captivité. Un tel langage ne m'est pas inspiré par une exaltation passagère : il est le résultat de longues réflexions. Votre Majesté, si pleine d'intelligence et de courage, comprendra, mieux que personne, les pensées qui m'animent. Il me faut donc lutter contre ce courant d'idées et de sentiments, avant de m'arrêter à une résolution.

» Votre Majesté me permettra de prendre le temps nécessaire pour réfléchir, et, si durant cet espace, — contre mes désirs et mes intérêts, j'ose ajouter contre mes prières, — l'intérêt et la politique de Votre Majesté La forçaient à retirer sa flotte, j'en serais douloureusement affecté, sans doute, mais je m'inclinerais devant ses motifs, et je conserverais profondément gravés dans mon cœur les marques de sympathie qu'Elle m'a données et le service qu'Elle m'a rendu en m'assurant pendant si longtemps la liberté de la mer.

» Votre Majesté a agi noblement envers moi, alors qu'aucun des souverains d'Europe n'osait ou ne pouvait venir à mon secours. Si, par le rappel de sa flotte, je devais succomber, je prierais seulement Dieu que Votre Majesté n'ait point sujet de le regretter et qu'au lieu d'un allié reconnaissant et fidèle, Elle ne rencontre pas un jour une révolution hostile et un souverain ingrat.

» Quelle que puisse être ma résolution en cette grave éventualité, j'aurai le devoir de la faire connaître sans retard à Votre Majesté. Je m'empresse de Lui exprimer de nouveau ma reconnaissance pour son appui, ses conseils et surtout pour l'intérêt qu'Elle a bien voulu prendre à ma personne.

» Je prie Votre Majesté de recevoir la nouvelle assurance des sentiments de haute estime et de sincère et reconnaissante amitié avec lesquels je suis, monsieur mon frère, de Votre Majesté le bon frère,

» FRANÇOIS. »

Cette lettre royale, que nous avons traduite de l'italien, et qui fut adressée en cette langue à Napoléon III, n'est-elle pas vraiment un langage digne d'un petit-fils d'Henri IV?

Il ne faut pas oublier dans quelles circonstances elle fut écrite. Après l'invasion de ses États par les garibaldiens, traîtreusement aidés par les troupes piémontaises, le roi François II avait quitté sa ville de Naples, la veille du jour où Garibaldi y entrait. Retiré avec sa famille, à Capoue, le malheureux souverain, trahi et abandonné, défendit avec un courage surhumain les derniers lambeaux de son royaume, jusqu'au jour où l'intervention des Piémontais et l'entrée solennelle à Naples de son cousin Victor-Emmanuel le forcèrent de se réfugier dans Gaëte.

Dans cette situation désespérée, François II adressa vainement ses protestations à toutes les Cours européennes. Les souverains ses frères demeurèrent sourds à son appel. Napoléon III, seul, en donnant pendant quelque temps à François II l'appui moral de la flotte française, lui permit de soutenir un siège de plusieurs mois et d'abandonner noblement son royaume.

LE PREMIER BATAILLON DE FRANCE.

SAINT-CYR SOUS LA RÉPUBLIQUE.

22 novembre 1883.

Dimanche dernier, le Premier Bataillon de France, précédé par la fanfare de ses clairons, son général en tête, franchissait la porte de la vieille école de Saint-Cyr, pour faire sa première promenade militaire, depuis la rentrée.

Deux heures venaient de sonner. Le beau ciel d'automne était ensoleillé, le temps clair et sec, et, vraiment, il faisait bon voir défiler gaillardement, et marquant le pas comme de vieux soldats, ces braves et gentils conscrits de la gloire. Tout le village était aux fenêtres, et le flot des parents, qui avaient patiemment attendu, après la visite réglementaire, afin d'apercevoir une fois encore leurs chers soldats, formait la haie. Les deux promotions étaient réunies, anciens et nouveaux. La rentrée générale, on le sait, a eu lieu il y a trois semaines, et cette année, environ quatre cent cinquante jeunes gens ont été admis à l'école militaire. — Saint-Cyr compte plus de huit cents élèves, et, depuis longtemps, sauf en temps de guerre, ce chiffre n'avait été atteint.

En voyant passer devant nous cette élite de la France, cette petite troupe alerte, insouciante, vêtue de la veste du soldat, le sac au dos, le fusil sur l'épaule, je cherchais à me rappeler certaine phrase de Veuillot : « A cette heure, celui qui doit sauver la France dort, peut-être, sur l'affût d'un canon, ou vient de brosser son cheval. » Ce qui est au moins certain, c'est que, parmi ces huit cents fantassins défilant sous nos yeux, notre génération comptera, un jour plus ou moins éloigné, de nombreux généraux et des maréchaux de France! Combien aussi, dans les batailles futures, tomberont inertes, sanglants, foudroyés, de ces charmants êtres de vingt ans, à l'œil plein de feu, à l'âme ardente, que leurs mères, tout à l'heure, embrassaient avec tant d'amour et d'orgueil.

Je n'oublierai jamais l'impression profonde, terrible, le frisson qui me saisit devant certain mot qui me fut dit jadis par un vieux soldat. C'était en 1856, après le siège de Sébastopol, à une magnifique revue de printemps passée par l'Empereur, au Champ-de-Mars. Pendant une heure, les troupes, massées comme une immense ville humaine, avaient défilé devant la tribune impériale, étincelante d'uniformes et de brillantes toilettes.

— Vous avez admiré, il y a un instant, cette foule innombrable pleine de vie et d'entrain, me dit le général. Il y avait là trente mille hommes. Eh bien, mon enfant, l'an dernier, en Crimée, la mort a couché par terre plus de deux fois ce que contenait aujourd'hui le Champ-de-Mars !

Mais trêve aux pensées sinistres. Personne de nous, j'imagine, ne compte échapper au destin. D'ailleurs, par ces temps de hontes et de folies, mieux vaut, pour nous et ceux que nous aimons, la chance de mourir sur le champ de bataille que d'assister peu à peu à l'effondrement de la patrie. Pourvu que nos fils ne tombent pas sous une balle française dans les rues de Paris, ou que leurs têtes ne servent pas de trophées aux sauvages, dans une de ces expéditions criminelles si chères à M. Ferry, en vérité je ne plains pas le petit troupier français qui, le premier, sera frappé sur la terre allemande !

Donc, en attendant que la paix universelle règne sur la terre et que l'Europe séduite, fascinée, subjuguée par l'exemple des vertus et de la prospérité de la République française, supprime les armées permanentes, il faut nous préparer à faire des soldats et à défendre la France, abstraction faite de son gouvernement. C'est dans l'armée seule, il faut bien et le dire et le répéter, que réside notre salut, notre force ; c'est la dernière institution qui reste debout, notre dernier rempart !

Voilà pourquoi, si par hasard vous voulez donner à un étranger de vos amis une idée juste et saine de la France, je ne vous engagerais pas à le conduire au Palais-Bourbon, pour assister aux ébats de ceux que Gambetta, leur père, avait appelés des « sous-vétérinaires ». Après tout, si ces spectacles répugnants ne l'effrayent point, qu'il y aille! Mais dites-lui bien que ce n'est pas là — Dieu, merci ! — que vivent l'intelligence, le cœur et l'avenir de la France. En sortant de la salle, conduisez-le, un beau matin, à notre école de Saint-Cyr, et je jure qu'en présence de ces jeunes têtes qui représentent — autrement que cette collection d'imbécillités nées du même principe et démocratiquement unies, — toutes les classes de la société, les forces vives du pays, il sera, comme nous l'avons été nous-mêmes, saisi de respect et d'admiration.

Ce n'est certes pas qu'ils soient tous absolument beaux, les soldats du Premier Bataillon de France; Oh! non. Il y en a de très petits et de très grands! quelques-uns de jolis : beaucoup qui ne le sont pas. L'uniforme, il est vrai, les avantage médiocrement, et ces têtes rasées, ces figures rougeaudes, émergeant de vestes courtes ou de tuniques larges, ne sont pas faites pour éblouir les yeux. Mais quel charmant spectacle que la grande cour de Saint-Cyr, dite cour de la Chapelle, qui sert de promenoir aux visiteurs du dimanche.

Après avoir franchi la porte monumentale où se lisent ces mots : *École militaire de Saint-Cyr,* on suit une avenue ombragée assez longue et on arrive au pavillon d'entrée. — Là, un adjudant de service délivre au visiteur, parent ou ami, un bulletin sur lequel est inscrit le nom et la compagnie de l'élève demandé.

Le parloir, composé de deux grandes salles garnies de meubles confortables, se trouve à droite en entrant. Nous y reviendrons. Aujourd'hui, le temps est superbe et le parloir abandonné; parents et élèves se promènent dans la vaste cour, ou occupent les bancs de pierre sous les arbres dégarnis de feuilles...

Les jours de pluie et d'hiver, les visiteurs sont nécessairement plus rares; il serait, en effet, difficile d'entasser, dans les deux salons du parloir, les familles de huit cents saint-cyriens. — Les visites, pendant l'automne, sont très nombreuses, les élèves de première année ne sortant pas avant Noël.

Il y aurait une intéressante étude à faire sur les groupes épars qui circulent aujourd'hui dans cette même cour, où les très nobles demoiselles de madame de Maintenon défilaient, avant de représenter *Esther* ou *Athalie* devant le Grand Roi émerveillé. Toute notre France tient entre ces quatre murs; anciennes et nouvelles générations; là, riches et pauvres, nobles et prolétaires, Paris et la province se trouvent réunis, et, sous la légendaire tunique au collet bleu, tous sont égaux. C'est la bonne et vraie fraternité, celle-là, qui n'a rien d'imposé, rien de républicain.

Au bout de quelques visites à Saint-Cyr, pères et mères d'élèves arrivent insensiblement à se connaître. Relisez cette liste si anxieusement attendue dans tous les coins de la province, qui cause aux uns tant de joie et tant de douleur aux autres: n'est-elle pas l'image, le tableau en raccourci de notre société française, si riche en illustrations de toute sorte, au fond si unie et pratiquant si sincèrement l'égalité ? Il en est de même du promenoir de Saint-Cyr. Les fils de généraux, de marquis et d'ambassadeurs s'y coudoient avec les fils de modestes officiers, de petits employés ou de vieux soldats. Admis au concours, tous sont frères. Une touchante coutume exige que tous les camarades de la même promotion se tutoient. C'est une règle absolue : gare à qui se laisse entraîner à une distraction de politesse ! Le châtiment ne manque point de pittoresque et doit se graver dans la mémoire. Le supplice s'appelle le *vert*. Le nez de chacun des deux élèves, du délinquant et de la victime, est enduit de couleur ; l'un en bleu, l'autre en jaune. Ceci fait, devant toute la compagnie, les deux appendices doivent être frottés l'un contre l'autre, jusqu'à ce que, par suite du mélange des deux couleurs, ils deviennent verts. Après cette opération familière, comment ne point se tutoyer ?

Chaque promotion adopte, on le sait, à la fin de la première année, un nom sous lequel elle est connue dans l'armée ; c'est une sorte de franc-maçonnerie particulière, dans la grande franc-maçonnerie saint-cyrienne. Les anciens, qui sortiront officiers au mois d'août 1884, seront à jamais désignés sous le nom de *Pavillons-Noirs*. Triste nom, jusqu'à cette heure, et qui rappelle trop les impérities de nos gouvernants. Un sobriquet, paraît-il, a déjà été donné par les anciens à la promotion entrée il y a quinze jours. A leur arrivée, une réparation se faisait dans certain coin de l'immense cour où les deux promotions prennent leurs ébats : un gradé plaisant a désigné les recrues sous le nom générique de *Novigogues*. — Puisse bientôt la belle promotion de 1883 échanger le sobriquet provisoire imposé par brimade, contre l'appellation glorieuse d'une victoire ou d'un heureux événement.

Mais voici l'horloge qui tinte ; le tambour bat, le moment fatal a sonné ! Les adieux commencent ; visages et mains se rapprochent et les grands enfants sont étreints par les pères et les mamans, avec l'effusion et l'émotion des jeunes années de collège.

Mesdemoiselles les sœurs et parfois aussi les cousines, les jolies cousines et les amies, assistent à la visite du dimanche. C'est alors que le pauvre saint-cyrien, avant de regagner sa prison, laisse échapper dans un regard, dans un serrement de main, ses regrets attendris et les secrets de son cœur. Il va reprendre, l'infortuné, son harnais de travail, de fatigue et de misères, il va étudier et apprendre, courbé, broyé sous l'implacable discipline, tandis que là-bas... c'est la liberté, le monde, la vie joyeuse ! — Que de fois, l'hiver, lorsqu'il sera réveillé de son lourd sommeil avant l'aube, par les falots du dortoir et la sonnerie de la diane, rêvera-t-il aux absents, songeant qu'à cette même heure, une adorable enfant, rayonnante de beauté, les yeux brillant de plaisir, daigne peut-être, au milieu de l'entraînement du cotillon, envoyer un passager souvenir au prisonnier de Saint-Cyr.

Eh bien ! c'est pour leur résignation et leurs sacrifices, c'est en raison de tout ce qu'ils endurent, qu'on les aime et qu'on les vénère, ces vaillants et gentils soldats du Premier Bataillon de France ! Voilà pourquoi leur uniforme, salué partout, est partout si populaire.

On les plaint parfois; mais combien les envient ! Car il est vraiment salutaire et réconfortant ce temps d'exil : esprit, cœur et santé se fortifient et se retrempent dans ces deux années calmes, laborieuses et graves. Quel apprentissage de la vie, autrement fructueux, autrement noble, celui-là, que les années si bêtement perdues par nos désœuvrés, plantés tout le long du jour dans les écuries ou le boudoir de vieilles hétaïres, et croupissant la nuit au fond des tripots de province ou du boulevard des Italiens !

En aucun temps, la carrière des armes ne fut plus utile et plus recherchée. Depuis l'invasion jacobine, il faut bien le dire, elle est devenue le dernier asile, — inviolable, sacré, — le sanctuaire où, seulement, l'on peut servir la patrie, le front haut, sans rien sacrifier de ses croyances ou de ses convictions. C'est le seul refuge qui reste à l'honneur !

Hâtons-nous de le dire bien haut : la hideuse politique, qui nous absorbe et nous envahit tous, n'entre pas à Saint-Cyr. Jamais une allusion, jamais un mot. Les seules discussions — aussi sont-elles passionnées, ardentes, et amères — qui retentissent à l'école, reposent sur la grande suprématie de l'infanterie sur la cavalerie et *vice versa*. Quant au Gouvernement, il n'en est pas question. Les pauvres diables, d'ailleurs, dont tous les quarts d'heure sont comptés, qui jouissent à peine de quelques instants de repos, sont distraits par d'autres préoccupations que celles des politiciens. Les faits de guerre seuls les intéressent, les succès, les épreuves de leurs aînés sont leur unique souci.

Les camaraderies se forment un peu au hasard ;

reprendre, l'infortuné, son harnais de travail, de fatigue et de misères, il va étudier et apprendre, courbé, broyé sous l'implacable discipline, tandis que là-bas... c'est la liberté, le monde, la vie joyeuse ! — Que de fois, l'hiver, lorsqu'il sera réveillé de son lourd sommeil avant l'aube, par les falots du dortoir et la sonnerie de la diane, rêvera-t-il aux absents, songeant qu'à cette même heure, une adorable enfant, rayonnante de beauté, les yeux brillant de plaisir, daigne peut-être, au milieu de l'entraînement du cotillon, envoyer un passager souvenir au prisonnier de Saint-Cyr.

Eh bien ! c'est pour leur résignation et leurs sacrifices, c'est en raison de tout ce qu'ils endurent, qu'on les aime et qu'on les vénère, ces vaillants et gentils soldats du Premier Bataillon de France ! Voilà pourquoi leur uniforme, salué partout, est partout si populaire.

On les plaint parfois ; mais combien les envient ! Car il est vraiment salutaire et réconfortant ce temps d'exil : esprit, cœur et santé se fortifient et se retrempent dans ces deux années calmes, laborieuses et graves. Quel apprentissage de la vie, autrement fructueux, autrement noble, celui-là, que les années si bêtement perdues par nos désœuvrés, plantés tout le long du jour dans les écuries ou le boudoir de vieilles hétaïres, et croupissant la nuit au fond des tripots de province ou du boulevard des Italiens!

En aucun temps, la carrière des armes ne fut plus utile et plus recherchée. Depuis l'invasion jacobine, il faut bien le dire, elle est devenue le dernier asile, — inviolable, sacré, — le sanctuaire où, seulement, l'on peut servir la patrie, le front haut, sans rien sacrifier de ses croyances ou de ses convictions. C'est le seul refuge qui reste à l'honneur!

Hâtons-nous de le dire bien haut : la hideuse politique, qui nous absorbe et nous envahit tous, n'entre pas à Saint-Cyr. Jamais une allusion, jamais un mot. Les seules discussions — aussi sont-elles passionnées, ardentes, et amères — qui retentissent à l'école, reposent sur la grande suprématie de l'infanterie sur la cavalerie et *vice versa*. Quant au Gouvernement, il n'en est pas question. Les pauvres diables, d'ailleurs, dont tous les quarts d'heure sont comptés, qui jouissent à peine de quelques instants de repos, sont distraits par d'autres préoccupations que celles des politiciens. Les faits de guerre seuls les intéressent, les succès, les épreuves de leurs aînés sont leur unique souci.

Les camaraderies se forment un peu au hasard;

les élèves de la même compagnie, sans cesse ensemble, ont un lien naturel d'intimité; on retrouve là, comme partout, les affinités de taille, de caractère, de province. Les anciens élèves des Jésuites (école de la rue des Postes), fort nombreux à Saint-Cyr, sont doublement unis et camarades. Nous ne croyons pas nous tromper en affirmant que leur influence y domine. Personne n'ignore que, généralement, le milieu social dans lequel se recrutent les élèves de Saint-Cyr, est beaucoup plus élevé que celui des pensionnaires de l'École polytechnique et de l'École normale. Sur huit cents élèves de l'École de Saint-Cyr, plus de cinq cents assistent chaque dimanche à la messe. Inutile de dire que la messe n'est point de service obligatoire et que la présence de l'aumônier, qui ne loge plus à l'École, y est seulement tolérée. Le culte protestant est desservi par un ministre, et les exercices en sont régulièrement suivis. Chacun est libre et agit à sa guise.

Le général Deffis, gouverneur de Saint-Cyr, homme de devoir et de discipline, honorable officier, est en même temps sénateur très républicain. Au risque d'être dénoncé, il assiste simplement et courageusement, pour son compte, à la messe, chaque dimanche, sans craindre d'affirmer sa foi. Il en sera ainsi, jusqu'au jour où il plaira à un député, ami de M. Paul Bert, d'exiger la destitution de ce gouverneur clérical, et de faire interdire au pasteur protestant et au vieil aumônier l'entrée de l'École de Saint-Cyr.

FIN

TABLE

	Pages
Les prisonniers de la Commune...............	1
Une visite au maréchal Canrobert...................	27
Les artisans du coup d'État et de l'Empire:	
M. de Persigny...........................	56
M. de Morny.............................	66
M. Rouher...............................	75
La princesse Clotilde et la Cour de Moncalieri........	97
Le comte de Chambord et le comte de Paris...........	107
M. Thiers et ses princes.................	118
Veuillot intime......................................	126
La Cour de Chantilly................................	135
Le général Chanzy, vice-roi d'Algérie	149
L'émir Abd-el-Kader................................	165
Une soirée aux Tuileries............................	178
Le Parloir-aux-Bourgeois...........................	190
Mon ami Beulé.....................................	202
Conversations avec M. de Rochefort.................	224

TABLE.

	Pages.
Les deux justiciers..	241
Un colloque entre maréchaux.........................	249
Une série à Compiègne...................................	255
Émile Ollivier..	268
Deux gouverneurs généraux de l'Algérie : le duc d'Aumale et l'amiral de Gueydon............	278
M. Dufaure au Mont-Valérien..........................	287
Une confession du baron de Larcy....................	293
Si le Maréchal avait voulu ?...........................	307
Romans et Valence ; Bonaparte et Gambetta......	316
M. Mignet..	324
Une lettre de Roi..	332
Le premier bataillon de France (Saint-Cyr sous la République)...	341

BOURLOTON. — Imprimeries réunies, B

www.ingramcontent.com/pod-product-compliance
Lightning Source LLC
Chambersburg PA
CBHW050750170426
43202CB00013B/2365